AF346152

Une riche vie de pauvre

DU MÊME AUTEUR

Patrice de la Tour du Pin, Mirages, Tunis, 1933
L'antisémitisme de Tertullien, Droz, Paris, 1934
La philosophie de Maïmonide, Édition de la Revue tunisienne, Tunis, 1935
Les humanistes français, Larousse, Paris, 1936
L'économie agricole de l'Algérie, Paillard, Paris, 1955
Le message de Bourguiba, Hachette, Paris, 1972
La Grèce en chantier, La Table Ronde, Paris, 1973

Camille Bégué

Une riche vie de pauvre

Medusis, Paris

© Medusis, 2001
ISBN 2-9515593-2-1

À mes petits-enfants

Prologue

Mes origines sont des plus humbles. Mon père, Marcel, naquit à Faudoas, près de Beaumont-de-Lomagne, au nord-est de la Gascogne. Mon grand-père paternel, alors âgé de 34 ans, était maître-valet au Buc, une grande métairie proche du village, en contrebas du bourg. Ma grand-mère, Jeanne Sabathé, avait 33 ans à la naissance de mon père. Je ne les ai jamais connus. Il semble que la famille ait de longue date loué ses bras aux environs de Beaumont, et qu'elle y fût réputée honnête et laborieuse. Tel est du moins le jugement que j'ai eu maintes occasions d'entendre au cours de ma prime enfance. Je ne cache pas que j'en tirai très tôt quelque fierté.

Mon père était le quatrième de six enfants. Deux ans après sa naissance, mon grand-père quitta le Buc pour entrer au service d'un autre propriétaire, un M. Gamot, et s'installa, toujours en qualité de maître-valet, à la métairie de Grenade, en face de celle de Fonté.

Le maître-valet était d'abord un valet : le titre de « maître » ne doit pas faire illusion. Il avait cependant franchi le premier échelon de la hiérarchie rurale. Logé avec toute sa famille, il recevait des gages fixes, partie en argent, partie en nature. Si quelqu'un de ses enfants le secondait, on le rémunérait en proportion de son concours. Il disposait d'un enclos comprenant un jardin (*lou casau*) et quelques arpents de terre où il récoltait sa provision de légumes frais ou secs. Le patron le chargeait spécialement d'entretenir et soigner le bétail. Parfois, il lui déléguait une part de son autorité, lui confiant la mission de transmettre ses ordres aux autres valets et de les contrôler. Le maître-valet jouait ainsi, assez souvent, un rôle de contremaître et de chef de chantier.

Quand il avait amassé assez d'économies pour acheter quelques outils et un peu de cheptel, il prenait une métairie à moitié, et devenait ainsi bordier ou métayer. Ensuite, le fermage n'étant guère pratiqué dans notre région, le terme de la promotion était l'accès à la propriété du sol. Il y fallait parfois plusieurs générations obstinées et courageuses. Mon grand-père paternel devint bordier à La Cloto, dans la commune de Cumont, puis, avec son fils aîné, il acheta une propriété moyenne à Escazeaux où il mourut et où il est enterré.

Les autres frères de mon père se dispersèrent par mariage. Nous avons pratiquement perdu de vue les cousins nombreux qui en sont issus, bien qu'ils habitent toujours dans les environs. Mais je sais que tous mes oncles fréquentèrent l'école et apprirent à lire et à écrire. Mon père les imita. De huit à onze ans il alla en classe à Pessoulens. L'instituteur portait le même nom que nous, sans lien de parenté, semble-t-il. Son petit-fils, à peine plus âgé que moi, a été longtemps maire de la commune. Il ne badinait pas avec la consigne, l'instituteur : au moindre faux pas, il appelait le délinquant et lui infligeait, sur le bout des doigts joints en faisceau, un nombre de coups de règle proportionnel à la gravité de sa faute. Mon père était bon élève, mais fort dissipé. À lui seul il semait le désordre. Il se battait par système. Pieds nus, la plante plus dure que la corne, il courait comme le vent. Un jour qu'un plus grand que lui le poursuivait, il sauta sur un tas de ronces. L'autre, pourtant chaussé de souliers confortables, n'osa pas le rejoindre. Mais l'instituteur le tenait à l'œil. Les punitions pleuvaient. Un soir il lui fit copier cinquante lignes pour avoir blessé un de ses camarades au front. Mon père décida de déserter l'école. Il avait à peine onze ans.

À cette époque, il se trouvait aussi sous le coup d'un chagrin dont il ne s'est jamais consolé. Il avait une sœur, de deux ans plus jeune, qu'il adorait. Elle se noya dans le vivier qui borde Monplaisir, la demeure des Gamot.

L'accident, douloureux à l'excès, dut le rendre encore plus indocile. Son père le plaça comme domestique chez un gros propriétaire d'Estramiac, M. Dupin, politicien de gauche et patron impitoyable. Les valets couchaient à la paille et mangeaient dans des écuelles de bois au fond d'une vieille cuisine désaffectée. Entre eux, ils ne se faisaient pas de cadeau. Le premier arrivé raflait les meilleurs morceaux, se servait copieusement. S'il ne restait rien pour le dernier, tant pis ! il n'avait qu'à se dépêcher. Mon père apprit ainsi à ne pas musarder. Il gagna d'abord cinq francs par mois, et fut augmenté progressivement. Quand il partit au service militaire, il touchait deux cents francs par an. Il fut incorporé en 1894 dans l'artillerie, où il prit goût aux chevaux. J'ignore ce qu'il devint de 1896, année de sa démobilisation, à 1900, où il fut loué chez mon grand-père maternel, bordier à La Croix, dans la commune de Pessoulens, section de Pordiac. Le 11 février 1901 il épousa la fille de la maison, Marie Barres, ma mère, de onze ans plus jeune que lui.

Destin banal que celui des Barres, et pourtant singulier. La famille est originaire de Balignac, petit village proche de Lavit. Elle connut au XVIIIème siècle une aisance certaine : elle possédait plusieurs propriétés. Il me reste quelques débris de son mobilier : la pendule qui se trouve dans la salle à manger de notre maison de Larrazet, le coffre et les portes du buffet installé dans le bureau de la même maison. À un moment donné, le chef de famille, probablement le bisaïeul de mon grand-père Élie, oublia les règles de la saine gestion. Le patrimoine fondit comme neige au soleil. Les descendants, mon grand-père et ses frères, durent chercher fortune au hasard.

Mon grand-père, je n'ai jamais su ni pourquoi ni comment, avait atteint un niveau d'instruction et de culture absolument insolite à la campagne. Il rédigeait dans une langue élégante et fluide. Il connaissait l'histoire de France dans le détail. Il était capable, en arithmétique, de résoudre des problèmes compliqués. En Écriture Sainte, il était ferré à glace, ce qui ne l'empêchait pas de se conduire en parfait mécréant. Politiquement, il était bonapartiste. Il m'a bercé de légendes napoléoniennes. Il regrettait Napoléon III, qu'il créditait à juste titre d'un notable progrès économique et social. Faute de candidat selon son cœur, il votait royaliste. Il détestait l'idée républicaine, professant que gouverner était un art trop difficile pour l'exercer sans l'avoir jamais appris. Il abhorrait les notions égalitaristes dont la république se targue. Un jour qu'il avait découvert un nid de crapauds, il m'appela : « Regarde, petit, il n'y a pas deux crapauds égaux. Comment veut-on que les hommes le soient ? » Il était volontiers autoritaire. Montrant à un domestique la façon de nouer un câble sur un chargement de bois : « Fais bien attention, lui recommanda-t-il d'un ton sec. Je n'aime pas répéter. »

Mon père était un républicain modéré, mais non modérément républicain. Une fois que mon grand-père essayait de lui présenter un candidat royaliste sous des couleurs républicaines, il se fâcha tout rouge. Il n'en était pas moins exact à ses devoirs religieux. Jamais il n'a manqué la messe du dimanche. Il assista aux vêpres aussi longtemps qu'on les célébra. Ferme avec les domestiques, il était si cordial et si bon qu'ils lui étaient tous attachés. La raideur de mon grand-père ne lui convenait pas : « Nous ne garderions personne si vous étiez le maître ! » lui lançait-il quelquefois.

Fantasque, original en diable, d'humeur instable, mon grand-père était capable de spéculations heureuses. Il avait réussi à créer un élevage prospère, à se munir d'outils performants. Mais il manquait de persévérance et surtout d'ardeur et de constance au travail. Il aimait bien battre la carte le samedi et le dimanche. Il avait épousé ma grand-mère, Anna Gauran, de Puygaillard, sur un coup de tête. Elle compte, avec mon père, parmi les personnes que j'ai le plus aimées et qui m'ont le plus aimé. Ceci posé, je dois à la vérité de dire que jamais couple ne fut plus mal assorti. Le père de ma grand-mère, scieur de long à 50 sous par jour, s'était évertué plutôt à se constituer une propriété, lopin après lopin, qu'à faire instruire ses enfants. Ma grand-mère ne savait ni lire ni écrire. Son esprit de brave, généreuse et vaillante femme était simple et borné. Elle avait accepté d'épouser mon grand-père par dépit. Depuis l'âge de quinze ans, elle avait vécu un bel et pur amour avec un garçon du voisinage. Le fiancé espéré s'était vendu comme remplaçant, c'est-à-dire que, moyennant une certaine somme, il s'était substitué à des conscrits successifs pour effectuer le service militaire. Elle l'avait attendu des années. Ne le voyant pas revenir, elle s'était résignée à faire une fin. À ma connaissance, le beau soldat n'est d'ailleurs jamais revenu.

Je ne pense pas que mon grand-père ait éprouvé pour sa femme une brûlante passion. Lui aussi devait faire une fin. Les Barres étaient trop discrédités pour qu'il pût espérer un mariage plus brillant. Entre les époux la mésentente était inévitable. L'arrivée de ma mère l'aiguisa. Égoïste et capricieuse, elle inspira à mon grand-père la volonté de la dresser sévèrement. Ma grand-mère entreprit de la protéger et de la couver. Elle refusa d'aller à l'école. Mon grand-père l'y contraignit quelque temps. Puis il céda, découragé, devant l'opposition forcenée de ma grand-mère, qui croyait sa fille en danger de grave maladie si on la contrariait. Peu à peu les intérêts du ménage divergèrent. Ma grand-mère élevait des volailles en grosse quantité. Elle les portait au marché de Lavit, à treize kilomètres, à travers champs, alignés dans une corbeille juchée sur sa tête. Mon grand-père élevait son bétail. Le succès le récompensait. Il vendit une paire de bœufs 1000 francs. Il espérait empocher son premier billet. Le maquignon lui retint 10 sous pour les cordes et le paya de monnaie. Chacun gardait son argent et l'utilisait à sa guise. Ma grand-mère le consacrait essentiellement aux toilettes de sa fille et aux remèdes qu'elle imaginait lui être nécessaires ; accessoirement à l'achat de linge, de vaisselle et de mobilier. Elle vit en mon père, dont elle appréciait les qualités, l'instrument destiné par la Providence à rabattre le caquet de son mari et à procurer à la ferme un bras sans défaillance. Mon père se laissa convaincre par indifférence et bonté d'âme. Ma mère tira sans doute vanité de se marier plus tôt que ses camarades.

Il advint que, politique à part, mon père et mon grand-père s'entendirent fort bien. En 1902 ils quittèrent La Croix pour aller exploiter Fonté, qui appartenait à la famille Faubin, aujourd'hui éteinte. La condition de bordier était dure. Les récoltes et les produits de basse-cour étaient à partager. Le cheptel vif appartenait soit au patron, soit au métayer, soit partie à l'un, partie à l'autre, comme ce fut le cas à Fonté. Les bêtes fournies restaient la propriété de qui les possédait au départ. Le patron devait, en fin de bail, retrouver son « capital » intact. Les bénéfices étaient divisés par moitié. En principe, le patron avançait l'outillage, moyennant un surcroît de redevances en nature. Comme mes parents possédaient tous les appareils en usage à l'époque, ils furent dispensés des charges supplémentaires. Ils eurent le droit de nourrir pour eux, avec les ressources de la ferme, un cochon et un cheval de trot. Ils étaient cependant assujettis à l'entretien des chemins, aux prestations et corvées, aux charrois de bois et de récoltes, ainsi qu'aux rentes coutumières : vingt-quatre chapons à Noël, trente poulardes et deux cents œufs à Pâques.

Mon grand-père était d'une rare habileté. Mon père, professionnellement avisé pour son temps, abattait le travail de plusieurs hommes. L'été, il ne se levait jamais après deux heures du matin. Il fallait qu'avant les premières lueurs de l'aube les bêtes de trait soient pansées, abreuvées, étrillées, brossées, liées au joug, attelées, fin prêtes. L'hiver, il dormait de huit heures du soir à cinq heures du matin. Tel un accumulateur, il emmagasinait du sommeil. Mais, sous sa direction, on a toujours observé le repos des dimanches et des fêtes carillonnées.

Un accord spécial avec le patron lui permettait de recruter à frais communs un ou deux domestiques, selon les besoins. Or Fonté était une grande et belle ferme. Avec ses cinquante-deux hectares d'un seul tenant, plus les quatre hectares de prés au bas de Pessoulens, elle était de taille à occuper du personnel. Certes, elle a changé d'aspect, aujourd'hui. On a construit une « villa » moderne devant notre ancienne habitation. On a bouleversé le cycle et le site des cultures. Une partie des dépendances s'est effondrée. Mais elle garde quand même encore noble allure. De notre temps, le hangar et les étables à bestiaux existaient déjà. On les a agrandis. La maison proprement dite, que l'on aperçoit derrière la « villa », se divisait théoriquement en deux : la vieille bâtisse, avec trois chambres, une cuisine, puis, en appentis, le chai et les écuries des chevaux. C'était là, jusqu'à l'arrivée de mes parents, le domaine des maîtres-valets. Devant ce corps de bâtiment, au-delà d'une mare, se dressaient le fournil, les étables à porcs et les poulaillers. Sur le côté de la construction primitive, face au sud, on avait ajouté une cuisine éclairée par une porte vitrée donnant sur un joli jardin planté d'arbres fruitiers. Deux chambres flanquaient la cuisine en façade. Un passage assez large, empierré, s'étendait entre le mur du jardin et un mur extérieur de bordure. Il conduisait des étables à une vaste et profonde mare creusée au sud-ouest, pratiquement intarissable, peuplée de grenouilles coassantes. Pour marquer qu'ils ne considéraient pas mes parents comme de simples maîtres-valets, les propriétaires leur avaient concédé l'usage de la maison tout entière. Entre la partie neuve et la partie ancienne, une chambre obscure, au sol de terre battue, devait me faire longtemps délicieusement peur. Mon grand-père, abandonnant son épouse, s'était installé dans la vieille cuisine. Il couchait dans une alcôve. Le reste lui servait de salle de séjour et d'atelier. Il allumait un grand feu l'hiver. Il jouissait d'une agréable fraîcheur pendant l'été. Les domestiques dormaient dans la chambre attenante.

Dès les débuts, la prospérité bénit les nouveaux venus. Le cheptel progressa, atteignit bientôt les trente têtes de gros bétail. Mon père acheta une jument anglo-arabe. Les écuries s'enorgueillirent d'une dizaine de trotteurs. Leur qualité reconnue leur valait d'être primés aux concours et distingués aux remontes. Mon père pouvait se flatter d'atteler un des chevaux les plus rapides de la région. Je conserve encore, dans un coin de ma mémoire, l'image d'un alezan décoré de larges balzanes blanches. Grand, long, les jambes fines et nerveuses, il couvrait la distance de Fonté à Beaumont, soit douze kilomètres, en 27 minutes montre en main. Bon an mal an, mes parents amassaient dans les trois cents hectolitres de blé, deux cents quintaux d'avoine, autant de maïs, des graines de trèfle, de luzerne et de sainfoin, cent quintaux de pommes de terre, autant de betteraves fourragères, sans compter haricots, fèves, lentilles… Ils vendaient chaque année au moins un cheval, une paire de bœufs, des taurillons, une dizaine de veaux, des porcelets, et des poulets, dindons, pintades par centaines. Les prix avaient beau être nominalement bas, écus et louis d'or s'entassaient.

Les Gamot, agriculteurs de pointe, guettaient le fils de leur ancien maître-valet, qu'ils traitaient désormais en ami, d'un œil à la fois admiratif et envieux. En 1914 mon père disposait de quinze mille francs or et avait engagé des pourparlers aux fins d'acquérir à Gaudonville, à sept ou huit kilomètres de Fonté, une ferme de soixante hectares…

C'est alors que le destin tourna.

Mes premiers pas

Suis-je né le 29 ou le 30 novembre 1906 ? Personne ne l'a jamais su. Mon père, en allant me déclarer à la section de Pordiac dont nous dépendions et où résidait alors le maire, oublia la date précise de mon arrivée en ce monde. Il la fixa arbitrairement au 30, et c'est ainsi que j'ai peut-être été rajeuni d'un jour.

J'étais prévu. On savait que j'allais venir. La preuve en est que, pour compenser l'aide que les femmes, obligées de s'occuper de moi, ne fourniraient plus à la moisson, on avait acheté une lieuse cette année-là…

Je n'étais pas désiré. Mon père, qui d'ailleurs manquait d'imagination, avait d'autres chats à fouetter que penser à un bébé. Pour ma mère, je ne pouvais être qu'un embarras. Et ma grand-mère ne se serait pas aventurée à émettre une opinion qui eût pu déplaire à sa fille…

Je surgis donc, sans que fussent vraiment préparés ni les esprits, ni les choses. Mon baptême en témoigne. Il n'était pas question d'omettre le sacrement. Mais on n'avait choisi ni le prénom, ni le parrain, ni la marraine. Avant de se rendre à la mairie, mon père alla donc consulter le curé, escomptant de lui une solution à tous les problèmes. Le desservant, jeune et dégourdi, conseilla de me donner comme parrain un enfant de chœur du voisinage, Camille Long, calme et pieux, qui devait mourir au front à vingt ans, et pour marraine une marguillière d'âge rassis, Marie Feuga, plus connue sous le nom de Marie des Jouars. On me prénommerait donc Camille. Aiguillonné d'un saint zèle, le prêtre ajouta de sa propre autorité, sur le registre ecclésiastique, Saturnin, qui était le saint du jour, et, pour des raisons plus obscures, Moïse… En sorte que, jusqu'à mon mariage et sauf dans les pièces officielles, on ne m'a jamais appelé que Moïse. Combien de fois m'a-t-on rebattu les oreilles du « Moïse sauvé des eaux » ! Certains, par dérision ou de bonne foi, me traitaient de juif. Si j'avais dû céder à la tentation des complexes, dont on fait tant de bruit aujourd'hui, j'avais là une riche occasion de m'y abandonner. Je ne nie pas que ce prénom, ridicule partout ailleurs que dans la Bible, où il ne figure d'ailleurs pas sous cette graphie, m'ait souvent pesé. Ajouté à l'impression, probablement justifiée, que j'étais laid, il a sans doute contribué à me donner cette apparence rugueuse dont je me caparaçonnai et qui demeure la mienne. Peut-être les avatars de mon enfance n'y sont-ils pas étrangers non plus.

À ce que j'ai entendu raconter, je fus dangereusement malade. Jusqu'à huit ans, je ne m'alimentai que de lait de chèvre. En commençant à marcher, je tombai malencontreusement et me cassai les deux poignets. Je gardai longtemps une apparence chétive. À quatre ou cinq ans, le médecin prescrivit une cure à Salies-du-Salat. Ma grand-mère m'y accompagna. Une famille d'ouvriers, nombreuse et qui aurait pu être sympathique, nous hébergea. Mais le logement était un taudis, et le père, ivrogne invétéré, terrorisait les siens, et moi par dessus le marché. Une de ses filles lui annonça un soir que « les allumettes s'étaient allumées ». L'ivrogne se dressa, saisit un balai et se mit en devoir de rosser l'enfant. De ces trois semaines m'est resté un souvenir atroce de nuit perpétuelle, de méchanceté, d'immondice. Elles ont imprimé en moi toute la noirceur du monde. Au retour, une fois descendu du train à Beaumont, je m'endormis sur les genoux de ma grand-mère, secoué par les sursauts des cauchemars. J'en ai gardé à la fois une peur et une colère qui, avec l'obligation de réagir avec énergie contre mes défaillances physiques, ont déclenché en moi des réflexes de défense parfois disproportionnés.

À vrai dire, je ne détestais pas la maladie qui, par chance, ne m'assaillait que l'hiver. Il n'y avait rien de plus agréable qu'un rhume. Ma grand-mère m'emmitouflait, puis m'installait au coin du feu. À côté de moi elle posait une chaise ; sur le dossier elle étalait un linge qui tombait jusqu'au pavé de briques rouges. L'ensemble formait paravent et me donnait l'illusion d'habiter une maison isolée, toute mienne. J'étais capable de rester ainsi une journée entière à contempler les braises, perdu dans des rêves évanescents. Toutefois, à peine me sentais-je mieux, je tempêtais pour sortir de ma cachette. Comme je ne pouvais guère être habillé dehors plus que je l'étais au coin du feu, la fraîcheur ne tardait pas à provoquer quelque rechute. Ainsi allais-je, égrotant, jusqu'à l'apparition des premiers bourgeons. Alors je me sentais gonflé de sèves neuves et les aventures des champs recommençaient.

Mes souvenirs remontent à l'âge de deux ou trois ans. Je me revois très distinctement, vêtu d'un tablier rouge à pois blancs, hirsute, en train de regarder ma mère laver du linge sur un banc incliné dont un bout reposait sur deux pieds assez hauts et l'autre par terre. C'était la *banco*. Tout à coup, débouche de l'allée qui reliait la maison à la route voisine l'Anna dou Baraillou, portant sur le bras sa petite fille qui ne marchait pas encore. Or cette fille est ma cadette d'environ un an. J'avais donc entre deux et trois ans. L'anecdote m'a humilié et indigné. Pendant que ma mère jacassait avec la sienne, la petite fille geignait, grommelait, se tordait. La mère, pour la calmer, lui répétait : « Regarde le ninet ! Regarde le ninet ! ». Un *ninet*, en Gascogne, c'est un bébé. Je ne lui ai jamais pardonné de m'avoir désigné avec cette condescendance méprisante. Quand elle mourut prématurément, j'avais une vingtaine d'années. Mon subconscient discerna dans cette mort le signe d'un décret céleste qui punissait la vieille injure…

J'éprouvais le besoin d'être protégé, comme tous les enfants. Je ne confessais jamais mes chagrins. Je ne me souviens pas d'avoir pleuré. Mais, quand j'avais le cœur gros, je venais me réfugier auprès de ma grand-mère. D'aspect bourru, un foulard noir toujours noué autour de la tête, elle était sujette à des comportements comiques et à des bienveillances immodérées. Chaque fois qu'elle entamait l'élevage d'un porcelet, elle ne lui servait que des restes choisis. Il lui arrivait de prélever les meilleurs légumes de la marmite à son intention. Le porc avalait gloutonnement. Elle s'extasiait : « Qu'il est gentil, disait-elle. Il est sans pareil ! » Et de le caresser, de le bichonner, de lui murmurer des mots tendres. Repu, saturé, au bord de l'indigestion, le goret dédaignait bientôt la nourriture. Il la humait d'un air dégoûté, puis, d'un coup de groin, il envoyait le seau et son contenu valser sur la paille. Ma grand-mère alors se déchaînait : « La sale bête ! » hurlait-elle. Elle essayait de le frapper à grand renfort de sabots. L'animal, malin, s'esquivait, dessinant mille entrechats, se faufilant entre ses jambes, courant le long des murs comme un lézard. De guerre lasse, ma grand-mère reculait jusqu'à la sortie. Elle inondait le cochon d'insultes abominables qui tombaient dans une indifférence absolue.

Elle n'a jamais pris un repas à table, sauf à l'occasion de fêtes rares, exceptionnelles. Elle mangeait sur ses genoux, assise sur une chaise basse, prompte à servir les hommes au moindre signal. Je l'appelais Maignette. Je partageais son lit. Tous les soirs, en nous couchant, je me blottissais contre elle. Je la suppliais, sans jamais y manquer : « Promets-moi que tu ne mourras pas avant moi, Maignette ! ». Elle promettait. Revigoré par cette assurance, j'avais envie de lui raconter les moindres événements de la journée. Elle saisissait une de mes jambes, la serrait très fort. « Si tu ne dors pas tout de suite, je t'étrangle ! » menaçait-elle. C'est ainsi, je crois, que j'ai contracté l'habitude de m'endormir sitôt étendu. Hélas ! La Maignette est morte fin juin 1944, en pleine bataille de France, sans que j'aie pu assister à ses derniers moments ni à sa sépulture. Je ne me suis pas habitué à son absence.

Je me levais de bonne heure et, toute la journée, je m'agitais sans répit. Je me proposais un but, toujours le même, sorte d'idée fixe où je m'agrippais désespérément. Je voulais être « grand », agir comme les grands, ce qui me valait peu de succès et beaucoup de sanglants échecs. Ils ne me corrigeaient pas.

Ma première entreprise sérieuse consista à casser des pierres. Les champs de Fonté longeaient la route de Saint-Clar à Beaumont. La maison en était éloignée d'environ cent mètres. À l'époque, la chaussée aujourd'hui bitumée était revêtue de pierre blanche, la pierre blanche du Gers. Les *carretis*[1] apportaient de gros moellons qu'il fallait ensuite débiter au marteau et répandre. Il fallait aussi entretenir les fossés, émonder les haies, faucher les herbes, dégager les saignées qui évacuaient l'eau. Des cantonniers étaient chargés de ces travaux. À chacun était attribuée, à titre permanent, une certaine longueur de route. Sur le tronçon de Pessoulens régnait Méric. De taille moyenne, il était charpenté en athlète. Avec l'âge, sa moustache tombante était devenue aussi blanche que la pierre du chemin, et son ventre le précédait d'une longueur. Il racontait inlassablement la campagne du Tonkin, qu'il avait soutenue, sept ans du-

---

1. On distinguait les *carrétès* ou *carrétaïrés*, qui effectuaient les transports avec des chevaux, des *carrétis* ou *carrétins*, qui utilisaient des charrettes attelées de vaches. Des *carrétis* reliaient chaque jour Saint-Clar à Beaumont (22 km).

rant, dans l'escadre de l'amiral Courbet. L'immersion du lieutenant mort des fièvres, aux accents des trompettes marines, hérissait ma peau d'une sorte d'horreur sacrée. Les revues que le commandant en chef passait à bord du vaisseau amiral, seul debout au gaillard d'avant, pendant que le drapeau tricolore claquait au maître mât et que les unités subordonnées, rangées aux bastingages, présentaient les armes, me soulevaient d'admiration et d'envie. Elles m'obsédaient. Un jour, je commandai à Herman Bégué, le petit-fils de l'instituteur : « Toi, tu t'engageras dans la marine. Et moi, je serai général ! ».

À mes yeux, Méric était un héros de légende. Alors que mes parents et les voisins ajoutaient tant de prix à un vulgaire sou, lui, le bourlingueur, il avait vidé une musette pleine de piastres en or pour les remplacer par du ratafia. Il tremblait devant ses supérieurs. Il ne désignait qu'à voix basse le chef cantonnier, qu'il avait baptisé *l'astouret* (l'épervier), ou l'agent voyer, qu'il appelait *la toudo* (la buse). Mais ces terreurs-là, je refusais de les connaître. Je constatais qu'il n'avait peur ni des grenouilles quand elles coassaient à l'approche de la nuit, ni des chiens errants, ni même des trimards, quand ils tentaient d'abuser de sa bonhomie naturelle. Sur quel ton il les priait de passer leur chemin ! Et puis, moi qui ne buvais que du lait, qui voyais mon père, mon grand-père, les domestiques se contenter de claire piquette, j'écarquillais les yeux devant sa façon de lamper l'eau de vie. Il venait tous les matins à Fonté, à jeun. Il poussait la porte de la cuisine et criait : « Vous êtes là, les femmes ? ». La plus diligente prenait un verre contenant un quart de litre et le remplissait d'alcool à ras bord. Debout, Méric s'emparait du verre, le portait à ses lèvres et ne le reposait que vide. « Bien merci, la compagnie ! » disait-il. Sa résistance à l'alcool était surprenante. Un jour que l'on distillait des prunes, il but un grand verre d'eau de vie brûlante à plus de 75°. Il ne cilla pas. « Hum ! dit-il. Elle tuerait des moucherons. » Et il s'en fut, majestueux. Il mourut à 87 ans parce que, ayant glissé dans un escalier, il se fractura le col du fémur et ne guérit pas. Il m'avait pris en affection. Je l'aimais beaucoup. Je garde pieusement son portrait.

La pierre avait de quoi s'employer sur la route. Percée de cratères, la chaussée secouait la diligence du samedi au point de rompre les essieux et de briser les ferrures des roues. Sans hâte excessive, Méric préparait le chargement. Il m'avait bourré un sac de paille, semblable au sien. Je m'asseyais dessus, tout près de lui, contre le tas de moellons. Il m'avait donné un marteau. Nous cassions les pierres de conserve, tout en devisant. Quand elles étaient réfractaires, je les lui repassais : « Casse celle-là, Méric ! » Il la pulvérisait d'un coup sec, et je riais de plaisir.

Quel que fût mon attachement au cantonnier, mon père demeurait le modèle suprême. Quand passait le « curé des chèvres », mon père prenait une dimension surhumaine. Le curé des chèvres, malheureux innocent, avait, disait-on, perdu la raison au séminaire. Toujours vêtu d'une soutane en lambeaux et coiffé d'un chapeau ecclésiastique, il avait élu domicile dans les bois du Castéron et il demandait l'aumône de ferme en ferme, flanqué de deux chèvres, l'une à sa droite, l'autre à sa gauche. Inoffensif à coup sûr, il affichait une insolence apocalyptique, blâmant et maudissant. Je me suis toujours représenté le prédicateur Maillard et Savonarole sous les traits du curé des chèvres. Il inspirait une horreur superstitieuse. « Tu es marié, toi ? interrogeait-il par exemple. Au feu d'enfer ! Car la femme est le poison du diable. Tu grilleras jusqu'à la fin de l'éternité. » Suivait un rosaire d'injures et d'imprécations de plus en plus incohérentes. Mon père n'en avait pas peur, c'était manifeste. Quand il se présentait, généralement le samedi soir, il lui coupait le long de la miche une tranche de pain tendre et y ajoutait tantôt du fromage, tantôt du saucisson, tantôt du jambon. Et le curé des chèvres se confondait en bénédictions.

Au fil des tâches quotidiennes, j'attribuais au moindre geste de mon père valeur de miracle, tant il est aisé d'éblouir un enfant sans le vouloir. Pendant la moisson, il conduisait la lieuse. Je montais sur la plage du tablier roulant. Les mains rivées au manche du paravent, je n'aurais pas cédé ma place pour tout l'or du monde. J'avançais au rythme de la machine, vigoureusement tractée par une paire de bœufs et une paire de vaches attelées bout à bout. Mon père, au moyen de cordes fixées à leurs oreilles par un nœud coulant (*las tiros*), dirigeait les bœufs depuis le siège qui lui donnait accès aux commandes. Un domestique ou une femme marchait devant les vaches pour les entraîner et les guider. La barre de coupe fauchait les tiges à ras de terre. Les rabatteurs les plaquaient au tablier, d'où les toiles, animées d'un mouvement de rotation autour des cylindres, les concentraient dans le lieur. Quand la gerbe était assez fournie, un mécanisme automatique l'enserrait dans une ficelle et l'éjectait sur le chaume. Le ronron des engrenages, le cliquetis des chaînes, les cercles majestueux des rabatteurs, le spectacle de tant d'épis qui, en une fraction de seconde, tombaient au passage de la machine comme des rangs de soldats rasés par la mitraille, la grandeur écrasante et dominatrice d'une force qui me paraissait hors du naturel, échauffaient mon imagination à un point incroyable. Il s'en fallait de peu que je me considère comme le chef tout-puissant de l'Univers... Devant moi se courbait en effet la multitude infinie des blés que, d'un déclic, sans même leur prêter attention, j'envoyais gésir, cadavres mous roussis par le soleil, sur le sol orphelin.

La saison venue, j'exigeais une sarclette et je coupais des chardons, à moins que ce ne fût ma sandale… Je voulais, moi aussi, écimer le maïs. Je réclamais un couteau. On me le refusait. J'enrageais. Un samedi, au retour du marché, mon père posa sur la table, grand ouvert, un beau Pradel flambant neuf. Je m'en emparai prestement et courus au maïs. Je trébuchai. Le couteau se referma sur ma main, qu'il trancha net. La cicatrice n'a jamais disparu. À la saison des foins, j'exigeais une fourche ; à la saison des vendanges, un sécateur et un panier – pour faire comme mon père. Mon insistance m'a valu bien des rebuffades. Je ne renonçais pas. À chaque occasion, gerbière, battages, vendanges, je recommandais à mon père de me réveiller en même temps que lui. Il s'en dispensait. Je ne sautais pas moins du lit à la pointe du jour.

Je suivais mon père partout. Quand il labourait, j'avançais à côté de lui, ma main sur le mancheron de la charrue. L'entreprise n'allait pas sans chutes, plaies et bosses, dont je refusais d'avouer que la cause m'en fût imputable. Je me relevais. Je persistais. L'ascendant que mon père exerçait sur le bétail, qui lui obéissait naturellement, sans qu'il le frappât, me remplissait d'admiration. Je comprenais que la concurrence m'était interdite. J'en ressentais un vif dépit. Quand il liait les bœufs placides sous le joug, je lui tenais les courroies. J'étais persuadé que je l'aidais et il ne me détrompait pas. Je m'échinais à balayer l'étable, comme lui. Il me disait, d'un ton pénétré : « Quelle chance d'avoir un garçon comme toi ! Si tu avais été une fille, tu n'aurais été bon à rien. Tandis que tu me rends tant de services ! » Mon cœur éclatait d'orgueil et j'étais heureux pour une semaine.

Néanmoins, je souffrais de mon infériorité. Faute de dominer les gros animaux, je décidai de m'assujettir la chèvre Rossignole. C'était une bête étrange, le plus capricant des capricornes. Elle était grise et blanche, et d'esprit manichéen. Il y avait des gens qui lui plaisaient : mon père, ma grand-mère, un domestique. Avec eux elle était gentille et docile comme un agneau. Elle les accompagnait en poussant de tendres bêlements et les caressait du museau. Les gens qu'elle n'aimait pas, elle les poursuivait d'une hargne agressive. Elle détestait les chiens, qu'elle savait tenir en respect. Son pire ennemi était le facteur. Ce digne fonctionnaire passait tous les jours devant la maison, contraint par l'itinéraire qui reliait deux abonnés au journal. Ivre dès son lever, il ne dessoûlait pas. Il tenait debout par miracle. Il professait des opinions politiques de gauche. Il soutenait M. Dupin, conseiller d'arrondissement radical, et Thierry-Cazes, député du même parti. Gamot incarnait la réaction. Dès lors, un kilomètre au moins avant d'apercevoir la demeure de son adversaire, il hurlait, en faisant tournoyer sa canne : « Vive Dupin ! Vive Thierry-Cazes ! À bas Gamot ! » Et il s'égosillait ainsi une heure au moins après avoir dépassé le bastion maudit. En venant de Pordiac, on accède à Fonté par un raidillon. La chienne Loubéto, le poil hérissé, crocs dehors, l'attendait au bas de la côte. Mes parents s'employaient à la chasser. Le facteur, en imprimant à sa canne des moulinets de plus en plus rapides et désordonnés, s'efforçait de l'éloigner. Son pantalon a subi nombre d'accrocs… Lorsqu'il avait, tant bien que mal, franchi les avant-postes, il piquait droit vers Gamot, entre deux pommiers plantés à l'endroit où se dresse l'actuelle « villa ». La chèvre l'y guettait. Dressée sur ses pattes arrière, cornes pointées, elle courait à sa rencontre. Ses pattes antérieures battaient l'air comme le fouet des Erynnies. Le facteur s'enfuyait aussi vite que le lui permettaient ses jambes incertaines. La chèvre, pas méchante au fond, ni rancunière, se contentait de le voir déguerpir, se laissait retomber sur son avant-train. Elle le surveillait de ses yeux pers, prête à intervenir s'il se ravisait. Lui, convaincu que les réactionnaires soudoyaient cette bête pour créer des ennuis aux républicains, s'époumonait de plus belle : « Vive Dupin ! Vive Thierry-Cazes ! À bas Gamot ! » Il glissait dans les fossés de la route. Il les traversait à quatre pattes ou s'y endormait.

L'animal capable de mettre le facteur Cassaigneau en déroute me paraissait fabuleux. N'y avait-il pas autant de mérite à dompter sa fougue qu'à courber sous le joug la tête patiente des bœufs ? J'avais tenté plusieurs approches, attrapant la chèvre tantôt par la queue, tantôt par la barbichette, essayant de sauter sur son dos à califourchon, comme je voyais mon père s'asseoir sur les reins des chevaux. Un matin qu'elle broutait une haie appétissante d'aubépines et de mûres, je décidai de la terrasser. D'un bond je saisis ses cornes ; je tordis son col. Ma victoire fut brève. La Rossignole secoua la tête. Je lâchai prise. D'un coup de corne en plein front, elle m'envoya au tapis pour le compte. Mon sang coulait à flots. Un domestique accourut, banda la plaie avec un mouchoir et m'emporta. Mon père attela l'alezan et fila comme une flèche mander un médecin. La blessure était superficielle. Pendant des semaines, une énorme bosse bleuâtre, puis brune, orna mon front. Ma carrière de dompteur débutait sous de fâcheux auspices.

L'habileté de mon grand-père me fascinait. Les jours d'hiver, quand je n'étais pas enrhumé, je restais des heures dans la vieille cuisine à le regarder tresser l'osier, polir des manches et des bâtons à toucher les bestiaux (*las toucadéros*) armés à une extrémité d'un aiguillon pointu, fixer au bout de longues perches (*las agulhados*) une sorte de hachoir dont on se servait pour nettoyer les charrues pendant les labours. Il n'avait pas son pareil pour ferrer les sabots, mouler leur bride sur le cou-de-pied, monter un panier en bois qui recueillerait les raisins. Il lui arrivait de chanter. Je trouvais sa voix belle et ses chansons tristes. Je préférais qu'il me contât les histoires ensorcelantes dont il était si riche. Il n'en était pas prodigue. Nous conversions aussi. Il me posait des questions. Si je ne savais pas répondre, il se moquait de moi. J'aurais souhaité que ma cervelle éclatât plutôt que d'endurer ses railleries acérées. Naturellement je cherchais à l'imiter. J'observai qu'il avait dessiné sur tous les outils — fourches, timons de charrue, charrettes, tombereaux, comportes — une marque formée de deux B entrelacés. Je ne savais pas encore déchiffrer les lettres, mais je croyais pouvoir reproduire le dessin. Je dérobai donc une serpe et consacrai une matinée entière à marquer les outils à ma façon. Cette fois mon grand-père actionna le moulin à claques et caressa mes fesses d'un osier cruellement flexible.

Vis-à-vis des domestiques je calquais mon attitude sur celle de mon père. Si mon père en parlait avec estime, je les trouvais à mon goût. S'il pestait contre eux, j'évitais de les fréquenter de trop près. En général ils étaient dignes de considération. Ils m'ont à peu près tous manifesté de l'intérêt. Deux d'entre eux, Jean-Marie Bense, domicilié à Estramiac, et Marius Soumeilhan, qui habite Beaumont, sont encore en vie. Le second fut un de mes plus fidèles et efficaces propagandistes au cours de mes campagnes électorales. Ces deux mis à part, et sauf Émile Saint-Amans qui mourut dans son lit, tous les autres furent tués à la guerre de 1914-1918. Je ne me souviens pas de les avoir particulièrement importunés. Si ma mère, ma grand-mère ou mon grand-père les réprimandait, je prenais hardiment leur parti.

Car j'avais la manie de me mêler de tout. Mon grand-père me rabroua vertement et resta plusieurs jours sans m'adresser la parole parce que je lui avais demandé pourquoi il n'était pas d'accord avec la Maignette. De mon père une singularité m'intrigua longtemps. Ma mère portait une bague au doigt. Mon père, point. Je le harcelais pour connaître la raison de cette différence. Il avait essayé de me clouer le bec en m'expliquant que les hommes ne portent pas de bague. Je rétorquai que Joseph Gamot, bien qu'il fût un homme, en portait une. Je rabâchais ma question. Elle l'agaçait. En semant du trèfle, voilà qu'il découvre une tige sèche que le caprice de la nature avait façonnée en cercle. Il la passe au doigt et me dit : « Regarde ! J'ai trouvé une bague. » Je tâte l'anneau de mon ongle : il se brise. « Tu l'as cassée », constata mon père d'un air qui me sembla triste. Je ne reparlai plus de la bague. Mais aujourd'hui encore le sourire résigné de mon père me poursuit comme un remords.

Cependant je ne me taisais pas. Une indiscrétion déclencha un terrible orage. Chaque année, la moisson finie, on entassait les gerbes en meule afin qu'elles fussent rassemblées auprès du batteur. Pour cette opération les six ou sept voisins immédiats s'entraidaient. Or, au cours d'un repas, mon père émit l'avis qu'à ce système on perdait plus de temps qu'on n'en gagnait. Les femmes, ravies de s'épargner peut-être la peine, à l'avenir, de cuisiner pour tant de monde, approuvèrent en chœur. « Ah ! si nous pouvions faire la gerbière seuls, par nos propres moyens », soupiraient-elles… Le lendemain dimanche, dans l'église, je confiai à un galopin de mon espèce, dont les parents participaient d'ordinaire à l'entraide, que nous allions gerboyer seuls. Le soir même, la mère de mon confident interpellait aigrement la Maignette et exigeait une explication claire : romprions-nous le pacte d'entraide, oui ou non ? À peu que le ciel ne se déchirât et que la terre ne se fendît ! Ma grand-mère et ma mère, pour une fois d'accord, rivalisant de cris, me vouèrent à la damnation et me prédirent que je finirais aux galères. Mon père ricanait. Il m'intima l'ordre de m'occuper de mes affaires. Se tournant vers les femmes, il leur conseilla, d'un ton qui n'admettait pas de réplique – ce qui arrivait quelquefois – d'aller soigner leur *sarromen* (leur « serrement »). Elles appliquaient ce vocable de leur invention à des douleurs d'estomac – des crampes, sans doute – dont elles se plaignaient périodiquement à l'envi et à tue-tête, en utilisant des clichés dont nous devions, mon frère et moi, nous amuser follement.

Le *sarromen* était le seul lien perceptible entre mère et fille. Prêtes à opposer un front commun sans faille aux tiers, elles se disputaient à longueur d'année. J'en ai souvent profité pour obtenir de l'une ce que l'autre me refusait. Il advenait aussi qu'elles organisent contre moi une ligue défensive et offensive, cimentée de ruse plus que d'autorité. Ainsi, pour me détourner de fouiller dans les placards, elles y disposèrent en évidence de grosses plumes d'oie. J'en avais une peur panique. Je n'ouvris plus les portes des placards. Elles m'obligeaient à des besognes qui me répugnaient, parce que je les considérais comme féminines ou puériles. Elles me chargeaient de lever les œufs, de distribuer le grain aux poussins, de les enfermer dans le poulailler. Je les rameutais avec une longue gaule. Plus d'un récalcitrant a payé de sa vie l'audace de défier mon impatience. J'aurais voulu garder seul le bétail, tirer les chevaux par la longe. J'adorais les chevaux. Malgré les interdictions, je me glissais dans l'enclos où ils s'ébrouaient pour les examiner de plus près, les approcher, les toucher. Je réussissais de loin en loin à caresser un museau ou une crinière.

Ballottée par les cahots du quotidien, la vie roulait, heureuse. Déjà je me rendais seul au village pour me faire couper les cheveux. Il y avait deux coiffeurs à Pessoulens : Bégué, le fils de l'instituteur, et Goulard, l'épicier. La coupe coûtait quatre sous chez Goulard, réputé le plus habile, et trois sous chez Bégué. Ma grand-mère me donnait quatre sous, m'enjoignant de recourir à Goulard. Elle ne s'est jamais aperçue que je confiais ma chevelure à Bégué. Avec le sou que j'économisais, j'achetais douze billes chez Goulard, dont une en verre. Je jouais tout seul, autour de la maison, sur la route, dans les champs. Je les perdais rapidement, en sorte que les coupes de cheveux n'étaient pas assez fréquentes pour éviter les ruptures d'approvisionnement.

J'aimais toutes les saisons, parce que chacune était tendue vers un projet. On espérait toujours quelque chose, qui allait se produire, qui avançait à pas lents, que les caprices du climat frappaient d'incertitude jusqu'au terme. Chaque repas ou presque, celui du soir en particulier, se passait à dresser des plans immédiats ou futurs. Quelles terres affecterait-on aux céréales diverses ? Quelles aux fourrages ? Quelles aux jachères ? À quelles façons procéderait-on ? À quelles fumures ? Quelle serait, demain, dans le cadre du programme, la tâche de chacun ? Sous la lampe à pétrole suspendue à une poutre, les domestiques formulaient leurs observations sur un pied de parfaite égalité. Mon père concluait.

Au printemps et en été, les discussions étaient plus brèves. Une assiettée de soupe et une ration de légumes étaient vite avalées. Les femmes desservaient promptement. Je me mettais alors à l'écoute des grenouilles. Leur tintamarre me terrifiait et m'enchantait. Mon père, hanté par l'accident qui avait emporté sa jeune sœur, avait transformé les grenouilles en monstres qu'il avait baptisés *maraucos*[2]. Leurs coassements appelaient les enfants pour les dévorer, et il importait de se tenir à distance. Ils me séduisaient néanmoins, parce qu'ils me fournissaient l'occasion d'affirmer mon courage. Je me pelotonnais entre le contrevent rabattu vers l'intérieur et la porte vitrée, d'où je ne perdais pas les hommes de vue. Je lançais aux batraciens inoffensifs les apostrophes et les défis qu'échangeaient les héros d'Homère à l'heure du combat.

L'hiver, cadre et décor se modifiaient. Rythmes et thèmes de travail changeaient du tout au tout. Vers huit heures du matin, le bétail, par groupes successifs, buvait à la mare. On déjeunait d'une soupe et de légumes cuits dans le bouillon : haricots secs, choux farcis, citrouille, pommes de terre. Ni dessert, ni café. Puis, selon les jours et le temps, on effectuait quelques labours ; on coupait du bois pour l'année suivante. Je me réjouissais quand les bûches s'amoncelaient dans l'âtre par-dessus les fagots. Il est vrai qu'à l'époque l'hiver était l'hiver. Dès la fin septembre apparaissaient les gelées blanches. À la Toussaint, il fallait tous les matins briser la glace de la mare pour que les bêtes puissent y boire. Les semaines où, soit à force de précautions, soit par chance, ma grand-mère admettait que je fusse en bonne santé, je ne manquais pas la cérémonie de la glace. On se servait d'une fourche à quatre pointes comme d'une massue. Les éclats brillants du gel et de l'eau retombaient en pluie à mes pieds.

Je me précipitais aux bois sur les talons des hommes et je me postais aux endroits les plus dangereux sous pré-

---

2. Le *u* se prononce *ou* en gascon. Prononcez *marraoucos*, avec l'accent tonique sur le second *a*. Le terme, inventé par mon père, valait pour son effrayante sonorité.

texte de les aider ou, simplement, pour mieux voir. Ainsi, quand on abattait des chênes, l'ample mouvement de la hache décrivant un vaste demi-cercle, se frayant un chemin dans l'aubier tandis que les copeaux voltigeaient comme des libellules, évoquait une puissance irrésistible et merveilleuse. Je déplorais à part moi de n'en pas être doté. Lorsque le chêne tombait en sifflant sur les branches qui gémissaient et craquaient, j'avais envie de pleurer. Je me redressais alors et, les mains dans les poches, j'affectais de sourire à la victoire des hommes.

Sombres étaient les rares jours où l'inclémence du ciel interdisait de sortir. Plus sombres ceux que ternissait une visite du Sistou. Il était repoussant de saleté. Idiot qui se vantait de vendre la sagesse, il s'asseyait au coin du feu dès le matin, crachait par terre en rafales et, par intervalles, proférait un aphorisme sibyllin que ma mère jugeait toujours admirable. Je souffrais de nausées pendant quarante-huit heures. Tant d'années après, l'évocation de ce répugnant imbécile m'incommode. Je n'appréciais guère plus la présence de Magnau (prononcez *Magnaou*, avec l'accent tonique sur le *a*), l'étameur. Il mangeait, buvait et fumait sans mesure, bourrait sa pipe en y pressant le tabac de mon père, puis s'endormait sur son enclume. Les réparations terminées, son ânesse le conduisait à la métairie suivante. Une nuit qu'il voulait monter sur son dos et n'y parvenait pas, mon père aligna l'animal le long d'un tas de cailloux et y fit grimper l'étameur. « Fais ta prière, dit mon père, et lance-toi ! » Le Magnau implora : « Saint Pierre, Saint Paul, Saint Jean, poussez-moi, s'il vous plaît. » Il prit son élan, franchit l'ânesse et s'aplatit de l'autre côté, la face contre terre. « Polissons de saints, grommela-t-il, je ne vous avais pas demandé de pousser tous à la fois ! » Je lui ai beaucoup pardonné pour ce bon mot.

La Sauzéto (*Saouzéto*) m'a laissé un souvenir plus amer. Pendant quatre jours pleins, elle tournait la manivelle d'un trieur qui éliminait les impuretés du blé de semence et calibrait les grains. Elle évaluait forfaitairement sa peine à cinq francs. Cette année-là, mes parents déclarèrent qu'ils n'avaient pas un sou de monnaie. Je conservais soigneusement, dans le porte-monnaie blanc que Madame Gamot m'avait porté de Luchon, un écu de cinq francs. Mon père me l'avait donné pour garnir la bourse. Il me le prit, paya la Sauzéto et me promit de me le rendre. Il a oublié son engagement, mais moi, je ne l'ai jamais oublié.

Les jours les plus fastes étaient ceux qui devaient se terminer par une veillée, où se rassemblaient les voisins amis. Quand elle ne se déroulait pas à la maison, nous partions sur le coup de six heures et demie. Mon père, brandissant une lampe tempête, marchait le premier. Je lui donnais la main. Ma mère et ma grand-mère suivaient. Mon grand-père, le plus souvent accompagné d'un domestique, bouclait le cortège. Ces veillées étaient extraordinaires. Leur atmosphère défie l'imagination de quiconque ne les a pas fréquentées. Les convives formaient un grand cercle autour du foyer, hommes, femmes et enfants mêlés. On se relayait au coin du feu. L'intensité de la chaleur, autant que la politesse, y incitait. On mangeait des châtaignes grillées, des fèves ou des pois chiches torréfiés ; on buvait des lampées de piquette versées de la « pinte ». Parfois, on plongeait les pois chiches très chauds dans de l'eau généreusement sucrée. Ils avaient alors un goût de bonbon. Certaines familles, ou plus huppées ou moins économes, offraient du café avec de l'eau de vie pour l'arroser. Mais le régal n'était pas de bouche. À la lettre, il était d'esprit. On ne jasait guère du voisin, sauf du curé. La conversation, générale et précipitée au début, roulait sur les résultats de la dernière campagne. Chacun racontait ses travaux, essayait d'analyser avec les autres les causes de réussite ou d'échec. On confrontait les expériences. On comparait les projets et les programmes. Les femmes soumettaient leur basse-cour à un examen collectif. Au fur et à mesure que je grandissais en âge, j'écoutais tout avec une attention accrue. Je refoulais mon envie d'intervenir, non point par déférence ou timidité, mais de peur de dire des sottises. Elles m'auraient ravalé à ma place d'enfant, tandis que, drapé dans mon silence, j'étais toujours en droit de me rêver adulte…

J'attendais avec fièvre l'heure des contes. Ils étaient affaire de spécialistes. Mon grand-père d'abord, le Baraillou ensuite étaient imbattables. De l'avis unanime, le Baraillou n'égalait pas son concurrent. Il se renouvelait moins. La trame de ses récits était plus rêche et plus vulgaire, articulée sur des ressorts plus simples et plus naïfs. La démarche en était sèche et saccadée. À l'aube de la Toussaint, il s'était placé à l'affût au lieu d'assister à la messe. Un lapin trottinait à bonne portée. Il avait épaulé, appuyé sur la gâchette une fois, deux fois. En vain. À la troisième tentative, le coup était parti. Le Baraillou avait voulu ramasser le lapin. Il n'avait trouvé qu'un drap mortuaire noir marqué d'une large croix grise. Tel était le type de ses histoires. Mon grand-père disposait d'une gamme infiniment plus charnue et variée. Non seulement il savait par cœur les vieux contes gascons dont j'ai plus tard retrouvé le texte, non sans émotion, dans le recueil de Bladé, mais encore il puisait dans le riche héritage du Béarn et de l'Agenais, dont il lui arrivait d'adopter les dialectes. À l'entendre, il tenait tous ses récits des anciens, dont il ne précisait pas davantage l'identité, sans doute parce qu'il en avait lui-même inventé un certain nombre. Les animaux parlaient. Jésus et les Saints redescendaient parmi les paysans. Ils éclairaient, protégeaient, récompensaient ou châtiaient dès ce monde. Le Paradis, le Purgatoire, l'Enfer s'entrouvraient, et l'on entendait les entretiens avec Dieu le Père, avec Saint Pierre, avec Lucifer comme si on y était. Puis l'inépuisable source : l'épopée napoléonienne, d'où l'Empereur émergeait, moins homme que dieu. Les voyous qui l'avaient trahi parce qu'il les dominait de trop haut, parce qu'il était trop bon, trop indulgent, suaient en enfer leur désespoir et leur remords. Lui, au milieu de sa garde fidèle, entouré de ses héros dont le maréchal Lannes, originaire de Lectoure, restait à jamais le symbole, occupait au ciel un espace de gloire qui, de toute éternité, lui était réservé. J'avoue n'avoir jamais pu étudier l'histoire de Napoléon sans éprouver, au fond de moi et en arrière-plan, l'admiration que lui vouait mon grand-père. En dépit de ses détracteurs et de mes efforts d'objectivité, la gigantesque image n'a jamais cessé de m'exalter.

Sauf quand il parlait de l'Empereur, mon grand-père ne croyait pas un mot de ce qu'il racontait. Le merveilleux n'était pas son fort. Si quelqu'un d'autre s'était hasardé à pareilles divagations, il l'aurait traité d'illuminé, accablé de sarcasmes mortels. Mais là, au cours des veillées, il changeait de peau. L'impossible et l'invraisemblable devenaient réalité, une réalité sublime, surnaturelle, exprimée par une liturgie verbale dont l'officiant se grisait. Son armoire bourrée de livres et d'opuscules lui fournissait une abondante matière. Il l'exploitait avec un art consommé. Le Baraillou me faisait peur ou m'offusquait. Mon grand-père me transportait dans l'univers du fantastique et de la féerie, où il fait bon vivre parce que la lumière y balaie les ténèbres et que la vertu y est toujours victorieuse. « Qu'il parle bien ! Qu'il raconte bien, l'Élie ! », se répétaient les auditeurs. Il me semblait que ces éloges rejaillissaient sur moi.

Initiations

Au seuil de ma sixième année, il y avait à Fonté un domestique du nom d'Ernest Troyes, « l'Ernest », fils du Ramounet d'Avensac. Laborieux, honnête, dévoué, fidèle, affectueux, intelligent – l'excès de ses qualités inquiétait. Paradoxalement, il avait bénéficié d'une solide instruction primaire. Il était titulaire du Certificat d'études, qui attestait alors une parfaite acquisition des connaissances de base.

À son arrivée, de légers heurts l'opposèrent à mon grand-père. C'est à lui que mon grand- père adressa l'avertissement que j'ai rapporté en lui apprenant à nouer un câble sur une charretée de bois. Mais très vite les rapports devinrent cordiaux. Ils décidèrent de m'instruire ensemble. Mon grand-père se chargea de la lecture, de l'écriture et de la grammaire. Ernest assuma la mission de m'initier au calcul. Dans la pratique, la répartition des tâches fut souvent modifiée. Mes deux précepteurs interférèrent maintes fois. Ils étaient aussi patients, aussi zélés, aussi habiles et clairs l'un que l'autre.

Pendant l'automne, l'hiver et une partie du printemps de 1912-1913, je fus soumis à un régime intensif. Tous les soirs, sauf les veillées, je devais lire, écrire et compter. La plupart du temps je suivais le cycle complet, mon grand-père secondant l'Ernest, l'Ernest secondant mon grand-père. Plus espacés, plus irréguliers, les exercices continuèrent pendant l'été. Ils se déroulaient alors au coucher du soleil, au moment où le repos obligatoire des bêtes imposait un ralentissement du travail. À la fin de l'été je lisais couramment, j'étais capable d'écrire sous la dictée, je connaissais les mécanismes de l'addition et de la soustraction, j'abordais la multiplication. Mes maîtres, fiers de moi, étaient beaucoup plus satisfaits d'eux-mêmes.

Beaucoup de leçons, sinon la majorité, se terminaient par des exhortations dont le thème, sinon la forme, était immuable : « Tu apprends bien, petit. Quand tu seras grand, il faudra que tu ailles au collège. Tu seras bachelier ! Tu pourras ensuite choisir le métier que tu désireras. Les bacheliers peuvent faire tout ce qu'ils veulent. Tiens ! Tu pourras devenir professeur d'agriculture, comme le fils de la Sale. » On parlait trop souvent de « celui de la Sale » pour que j'en ignore. Issu de propriétaires aisés, il était entré à l'école d'agriculture de Montpellier. Il en était sorti avec le titre de professeur. Plutôt désigné par le nom de sa propriété que par le sien, conformément à la coutume, Béziat était célèbre à dix lieues alentour. Il était le symbole du paysan que son intelligence sauve de la gadoue.

Les propos de mon grand-père et de l'Ernest m'intéressaient. Mais quand j'essayais d'en savoir davantage sur les carrières, ils étaient aussi peu informés l'un que l'autre. Je pris ma résolution tout seul : je serais général ! Mon grand-père parlait aussi de maréchal et de maréchaux. Mais outre que, Lannes excepté, ils étaient des voyous qui avaient trahi l'Empereur, leur titre créait une regrettable confusion avec le Balère, que l'on traitait aussi de maréchal quand on lui amenait bœufs, vaches ou chevaux à ferrer. Lannes lui-même, le maréchal Lannes, n'était-il pas un forgeron ? Non ! Décidément, foin de maréchaux ! Il fallait être général. L'idée ne m'obsédait pas, du reste. Plutôt qu'à ces choses lointaines et mystérieuses, je m'attachais à élucider les questions d'intérêt immédiat et concret. Je traversai, entre six et huit ans, une période de curiosité frénétique. Tout interlocuteur me devenait une proie. À la vitesse d'un tir de mitrailleuse, je posais les questions les plus ordinaires, les plus bêtes, les plus saugrenues, les plus rigoureusement insolubles. Plusieurs fois je persuadai mon père de m'amener avec lui à Beaumont, à Saint-Clar ou à Mauvezin. Il opposa bientôt à mes importunités une fin de non recevoir inflexible. En vue de chaque ferme, je demandais son nom, le nom de la famille, s'il y avait des enfants de mon âge, des Maignettes, des grands-pères, combien de têtes de bétail, de chevaux, si on récoltait beaucoup de blé, s'il y avait une lieuse, un brabant. Hors de lui, mon père secouait nerveusement les guides et n'ouvrait pas la bouche. Inlassable, je dévidais mes rengaines. Tous les enfants, je crois, sont ardents à interroger. Pour moi, je me souviens nettement que j'avais un besoin – un besoin physique – d'élargir l'horizon que limitaient les coteaux à l'entour de Fonté. J'éprouvais une sensation d'asphyxie tant que je ne savais pas ce qui se passait au-delà.

En juin 1913, la fortune me sourit. Jamais je n'avais escompté un si vaste champ à explorer. Les troupes qui participaient aux fameuses manœuvres dirigées par le général Joffre se répandirent dans notre région. Je guettai partout les renseignements. J'appris à distinguer les grades, à quelques erreurs près. J'aurais vivement apprécié de m'entretenir avec le général. Il ne daigna pas s'arrêter à Fonté. Je l'aurais prié d'éclaircir deux points : Qu'est-ce que la guerre ? Qu'est-ce que l'ennemi ? Car enfin il ne convient pas d'abuser des sornettes. La guerre, m'expliquaient tous ceux qui me répondaient, est une bataille où les soldats se tuent entre eux. Or, les soldats, je les voyais courir, sauter, se coucher, se relever, se cacher derrière les arbres et les buissons. Ils s'amusaient, et on ne relevait pas de morts dans les prés. J'avais l'habitude des morts. J'avais examiné assez de poulets, de rats et de cochons morts pour ne pas m'y tromper. Oui, mais, au fait, est-ce qu'un homme meurt aussi ? On le disait. Je le craignais. Mais je ne l'avais jamais constaté.

Qui était l'ennemi ? Qu'était-il ? Où était-il ? L'ennemi, c'est l'Allemand, le Teuton, le Boche, celui qui nous a pris l'Alsace et la Lorraine ; ou bien : c'est celui d'en face ; ou encore : celui qu'il faut tuer pour ne pas être tué. Ma tête bouillonnait : « Montrez-le moi, l'ennemi ! C'est lui qui arrive à bicyclette ? C'est lui qui galope à cheval, là-bas ? – Ni l'un ni l'autre. Il n'est pas ici. Il est de l'autre côté de la frontière. » Autant dire que plus j'interrogeais, moins je comprenais. Les réponses de mon grand-père et de l'Ernest étaient aussi obscures, aussi difficiles à admettre que celles du Pascal, de l'Édouard ou du Jeantil.

Comme pour épaissir le mystère, d'étranges oiseaux volaient au-dessus de nos têtes avec un bruit qui rappelait celui de la chaîne autour de la poulie rouillée quand elle remontait du puits un seau de quinze litres. Le Pascal les nommait « batteurs ». Court sur pattes, encombré d'un ventre énorme débordant du pantalon comme une grosse citrouille, dégoulinant de graisse, le Pascal se mettait à trottiner dès qu'il entendait un aéroplane. Il se réfugiait sous un peuplier, sous un saule, sous une touffe de roseaux. « Ainsi, disait-il, si le batteur tombe, je serai à l'abri. ». Je n'ai jamais questionné le Pascal. Mais je torturai tous ceux qui me tombèrent sous la main. Ma grand-mère me dit, compassée : *« Es un boulé dé Diu »* (C'est une volonté de Dieu). Je ne fus pas satisfait. Mais, à y bien regarder, personne ne fut ni plus explicite, ni plus précis. Les uns hochaient la tête d'un air impuissant, et gardaient bouche cousue. Les autres comparaient les machines à un cerf-volant, soutenu par l'air, ou à un caillou qui vole aussi tant qu'il se déplace vite. Le plus honnête fut Ernest, qui m'avoua n'en rien savoir et n'en pas comprendre plus que moi. J'avais remarqué que ces engins, de même que les automobiles, n'étaient tirés ni par des chevaux, ni par des bœufs. J'imaginai donc que, si je pénétrais le secret des automobiles, je percerais du coup le secret des aéroplanes. Or un dimanche, après la messe, j'avisai une automobile stationnée près de l'église. Je me postai à côté du marchepied et j'attendis. Je demandai au couple qui gagnait les sièges s'il se dirigeait vers Saint-Clar. Sur réponse affirmative, je sollicitai la faveur de monter jusqu'à Fonté. La dame sourit et m'ouvrit elle-même la porte arrière de la torpédo. Au moment de descendre, je voulus savoir comment cette voiture marchait sans chevaux. « Il y a beaucoup de chevaux dans le moteur », me répondit le propriétaire. Le mystère venait de s'épaissir.

Sur ces entrefaites, un problème plus troublant capta toutes mes facultés d'attention. D'après mon père, que je ne pouvais tout de même pas soupçonner de mensonge, sous les rochers de *Las Rocos* (les Rocailles) qui servaient jadis de cabane aux brebis, vivait un tout petit enfant. Il irait bientôt le chercher. Il le porterait à Fonté. J'aurais ainsi un frère. Plus tard, nous nous amuserions ensemble. En attendant, il ne faudrait lui faire aucun mal. Je n'avais pas du tout l'intention de lui faire du mal. Mais l'affaire méritait d'être éclaircie. « Cet enfant, d'où vient-il ? – La Sainte Vierge l'a posé là, une nuit, pour qu'on le prenne et qu'on le soigne. – Et qui le soigne depuis ? – La mémé des brebis lui donne du lait. – Pourquoi ne pas être allé le chercher plus tôt ? – Il fallait préparer le berceau, des couvertures, des vêtements. – Il n'a pas peur, seul au milieu des bois ? – Un ange le garde. La Sainte Vierge le protège. – Je veux aller le voir. – Tu es trop petit. Les ronces te piqueraient. Il va arriver. Tu le verras. » Un beau matin, on m'introduisit dans la chambre de mes parents. Une frimousse rougeoyante et fripée sortait des dentelles : c'était Robert. Je le trouvai joli. J'étais très content.

Sa présence allégea la surveillance que ma grand-mère faisait peser sur moi. Comme les femmes n'étaient plus aussi disponibles, à moi incomba désormais la garde du bétail dans les prés, les chaumes et les friches, dans cette langue de vaine pâture que bordait le taillis de *Las Rocos*. On y accédait par un chemin de terre étranglé entre les broussailles. À l'entrée, une source étalait en bavardant son eau transparente. Un ruisseau galopait du Castéron vers Pordiac. Ses méandres innombrables offraient aux jeux et à la rêverie des plages en miniature que tapissaient des galets aux formes toujours nouvelles et aux couleurs variées à l'infini, depuis le noir jusqu'au blanc d'ivoire, en passant par le gris, le beige et l'ocre. Je parlais aux chiens, aux veaux fraîchement sevrés, aux oiseaux. Je parlais tout seul. Je me remémorais les contes du grand-père que j'arrangeais à ma fantaisie pour m'arroger toujours le rôle principal. Seuls, les prés de la Baïsole, au bas de Pessoulens, m'étaient encore défendus. On ne les atteignait qu'au prix d'un parcours de trois kilomètres sur route. Mais telle quelle, ma promotion me permit d'entrer en relations fraternelles avec les bêtes. J'assumais avec plaisir mes responsabilités, que mon imagination exagérait. Quand, avant sept ans révolus, on commande à un important troupeau, la situation dominante engendre fatalement une sensation et une volonté de puissance. Je guignais toujours les chevaux, mais mon heure n'avait pas encore sonné.

On estimait que je devais aller à l'école. Seulement je rendais de grands services à la maison. À Pâques, mon frère accaparerait moins les femmes. L'une d'elles me remplacerait au bétail et on m'enverrait alors en classe. Mon grand-père et Ernest soutenaient que rien ne pressait. Ils prolongeraient leur préceptorat de quelques mois, voilà tout.

Le curé visitait de temps en temps ma famille. Au début de l'Avent, à la nuit tombante, il apparut dans la cuisine. Il s'avisa que j'existais. « Je parie que tu ne sais pas le *Notre Père*, me dit-il. – Que si, M. le Curé, répondis-je. Je sais le *Notre Père* et le *Je vous salue*, et même un peu le *Je crois en Dieu*. » En effet, ma grand-mère me faisait réciter ces prières tous les soirs. Je les récitai au prêtre. D'où naquit d'ailleurs un quiproquo. Le curé ne songea pas que mon vocabulaire français se recommandait par son indigence et que je n'étais en aucune manière entraîné au maniement de la langue. Jusque là, si les exercices scolaires utilisaient les livres en français, les explications et commentaires étaient développés en gascon. Je ne m'étais donc jamais exprimé qu'en gascon, je n'avais entendu parler couramment que le gascon. Mes rares connaissances ne me permettaient ni de comprendre un long texte, ni de suivre, ni de tenir une conversation. « Tu récites bien, me dit le curé. Dimanche tu viendras à la sacristie. Je te donnerai une belle poésie que tu réciteras aux vêpres de Noël. » Une poésie ? J'interrogeai mes professeurs. « Ce sont des vers, m'expliquèrent-ils. Au lieu d'écrire d'un bord à l'autre de la page, on n'écrit qu'au milieu, en lignes d'égale longueur. – Et pour lire ? – Pour lire, c'est toujours la même chose. Les lettres sont faites pareil. » J'appris le fameux cantique :

Le ciel est noir, la terre est blanche.
Cloches, carillonnez gaiement !
Jésus est né ! La Vierge penche
Sur lui son visage charmant.

Aux vêpres, j'étais à côté de mon père. Un clerc vint me chercher et me planta au milieu de l'église. Je débitai les cinq ou six strophes du poème d'une voix forte et sans hésiter. La cérémonie achevée, le curé m'appela. « Je suis content de toi, me dit-il. Je veux te récompenser. Que veux-tu ? Une image ou une orange ? » Je ne compris pas le sens du mot orange. Bonne occasion pour en avoir le cœur net. Je choisis l'orange. Je n'aimai pas du tout ce fruit et je ne le mangeai pas. Je n'ai plus oublié son nom.

Le zèle de mes précepteurs s'était refroidi. Durant l'hiver 1913-1914, mes progrès s'étaient bornés à lire cursivement l'écriture manuscrite. Mon grand-père ou Ernest recopiait quelques lignes de l'almanach. Je déchiffrais leur transcription. Ils me proposaient des lectures tirées des dernières pages d'une histoire sainte fatiguée pour entretenir l'habitude de l'imprimé. Par accord tacite, ils estimèrent que l'étude de la division userait prématurément mes capacités. En sorte que j'aurais posé à la pédagogie actuelle un problème insoluble. Lorsque, à la rentrée de Pâques1914, je pénétrai pour la première fois dans la salle d'école, M. Paillé, un Frère des écoles chrétiennes que les lois de séparation avaient obligé à revêtir un costume civil, s'en accommoda fort aisément.

La classe commençait à huit heures, après une prière. À onze heures, catéchisme jusqu'à l'Angélus. À une heure et demie, invocation au Saint-Esprit et classe jusqu'à quatre heures. La prière du soir clôturait la journée. L'autorité du maître s'imposait à la manière d'un marteau-pilon. Les dictées comportaient quinze à vingt lignes. Il n'était pas question de les « préparer », d'expliquer les mots difficiles, les verbes irréguliers, les orthographes et accords biscornus. Nous devions emprunter à la grammaire apprise par cœur la clé de toutes les obscurités. « Écrivez ! » ordonnait M. Paillé. Nous écrivions. Ensuite nous épelions. Chacun à tour de rôle nommait chaque lettre de chaque mot, signalait les accents et la ponctuation. L'exercice se déroulait devant le tableau. M. Paillé montait sur un tabouret, de façon que, le coude plaqué au corps, la main tendue à angle droit se trouvait à la hauteur de nos joues. Un soufflet sanctionnait immédiatement la faute. Le maître interrogeait ensuite jusqu'à la réponse exacte, qu'il inscrivait au tableau. Invité à épeler, je commence : *il*, i, l ; *est*, e,s,t ; *nécessaire*, n,é accent aigu, s... Une formidable claque me jette contre le tableau, qui m'en donne une autre. Je n'ai plus jamais affublé « nécessaire » d'un s intempestif.

À quelle division appartenais-je ? Je l'ignore. Je faisais un peu de tout, et de tout niveau, au gré des circonstances, réussissant ici, échouant piteusement ailleurs. J'étais astreint à réciter la grammaire, les leçons de calcul, d'histoire, de géographie, de catéchisme, « comme les autres ». Quels autres ? Je ne l'ai jamais su. Tant bien que mal, plutôt mal que bien sans doute, le trimestre s'acheva et mon année scolaire avec lui. J'affectai d'en être ravi. En un sens j'étais sincère. Dans les débuts, je ne pouvais pas souffrir les camarades, qui me rendaient au centuple la monnaie de ma pièce. Les plus âgés m'infligeaient toutes sortes de brimades. Plus je me rebiffais, plus ils me battaient. Les pires crétins étaient les plus acharnés. Ceux de mon âge ne cherchaient pas ma compagnie. J'étais l'intrus. Je ne me souciais pas de me faire admettre. Je tenais bon. Le repas de midi se prenait en commun dans le jardin du presbytère. Une murette basse nous servait de table. Bien que j'eusse abattu de bonne heure, à pied, les trois kilomètres qui séparent Fonté du village, je n'avais pas faim. Je ramenais presque intacts le quignon de pain, le bout de chocolat, de fromage ou de saucisson, le quart de vin trempé d'eau que je trimbalais dans un sac de toile grise. Les garnements louchaient vers mes restes.

Ils n'osaient pas me les arracher et je n'étais nullement décidé à les leur céder.

D'un autre côté, je regrettais l'école, parce qu'elle dispensait mille satisfactions à mon amour-propre. Je cheminais le matin avec Madame Gamot, qui accompagnait sa fille Angeline, à peine mon aînée. Pendant toute la route, elle s'évertuait à lui inculquer une leçon, une récitation. La malheureuse ne parvenait pas à les enregistrer. Quand la mère les avait répétées deux ou trois fois, je les savais parfaitement. Je bombais le torse. Je rabâchais les textes sous prétexte d'aider la fillette à les assimiler. Pour stimuler son élève, la mère ne tarissait pas d'éloges sur mon compte. L'élève demeurait rétive. Ma vanité me gonflait. Tant en classe qu'au catéchisme, je répondais juste souvent, et le premier de tous. Curieusement, je n'ai pas souvenance d'avoir éprouvé de réelles difficultés de langue. En entendant parler français, en lisant, en écrivant, j'ai l'impression d'avoir franchi cet obstacle sans peine. Il s'ensuivait que je ne redoutais pas la classe. En dépit des avatars, je m'y rendais avec empressement.

Au mois d'octobre, sur les instances de ma grand-mère, affolée par ma perpétuelle grève de la faim, on me confia aux femmes Méric, l'épouse et la fille du cantonnier, qui habitaient près de l'école. Elle reçurent consigne de me contraindre à manger. L'autorité n'entrait pas dans leur vocation. Sale, le visage maculé de suie, fagotée comme un épouvantail dans un semis de petits pois, la vieille avait tout l'air d'une sorcière. Il ne lui manquait que le manche à balai, qu'elle ne maniait guère. La fille, Maria, visait à l'élégance. Elle avait de l'allure. Je n'étais pas, je ne pouvais être sa préoccupation essentielle. Les Mériques, comme nous les appelions, mériteraient un portrait en pied. Paresseuses, gourmandes, dépensières, farfelues, elles devinrent mes associées et mes complices.

À mon fromage ou à mon chocolat elles ajoutaient « quelque chose de bon » : un peu de soupe, une cuillerée de haricots, un morceau de farci, un œuf, parfois un bout de viande. Elles finissaient par me faire manger sans que je m'en aperçoive. Surtout elles rassuraient ma grand-mère. Elles étaient informées à la minute de toutes les frasques dont je me rendais coupable, et ces frasques se multipliaient. Tirer la langue dans le dos de M. Paillé ; lancer des boules de papier mâché ou des pois chiches sur les filles pendant le catéchisme ; se cacher au creux d'un ormeau, devant l'église, jusqu'à ce que M. le Curé nous en dénichât ; escalader la barrière au lieu de sortir par la porte de la cour ; dissimuler la bêche du Pistol ; miauler comme des chats sous la fenêtre du Jeannart ; poursuivre la Caddette en pépiant et piaulant : voilà quelques-unes des distractions de la bande qui s'était constituée finalement sous mon égide. Les Mériques savaient, puisque les commères les renseignaient et que d'ailleurs je leur racontais tout… Elles riaient autant que moi et ne soufflaient mot à âme qui vive.

Elles savaient d'ailleurs s'amuser d'elles-mêmes. La Maria possédait une bicyclette à roue fixe. Elle se déplaçait ainsi à son gré, vêtue d'un manteau blanc, coiffée d'une immense capeline retenue par un voile de mousseline qui l'entourait et se nouait autour du cou. L'alezan en avait peur. Une fois qu'il descendait la côte de Fonté à bride abattue, il aperçut l'accoutrement de la Maria. Il fit un écart périlleux, réussit à se rétablir, se retourna et fila en sens inverse. La Maria se flattait d'avoir épouvanté l'alezan.

Elle m'avait promis de m'enseigner à monter à bicyclette. Je commençais déjà mes premières armes. Je ne devais continuer que trois ans après. Je ne suis pas moins redevable aux Mériques de nombreuses et utiles leçons.

Mon maître, après de capricieux essais, m'avait englobé dans une division qui probablement correspondait en gros au cours moyen. « Tu vas, me dit-il, apprendre à copier. » Certains termes de la langue française m'échappaient encore. Copier ? Qu'est-ce que ce mot pouvait bien signifier ? J'interrogeai les Mériques. « Si tu manges, je t'expliquerai. » Je ne me fis pas prier. Elles apportèrent un livre sur la table, un papier et un crayon. « Tu écris ce que tu lis. – Il faut reproduire les lettres telles qu'elles sont dans le livre ? – Non. Tu écris à ta manière, comme tu sais. – Alors, ça va ! » m'écriai-je. Et je repoussai le crayon, le livre et le papier.

Jamais pourtant ma copie, que je faisais à contrecœur, ne satisfit M. Paillé. J'écrivais trop mal. Il n'eut pas beaucoup de temps pour corriger ma main. Je quittai l'école le 10 décembre 1914. Je ne devais y retourner qu'en novembre 1917.

Quand les cloches eurent sonné

Le mardi 4 août 1914, il faisait très chaud. Des nuages s'accumulaient du côté du Casréron et filaient en direction du sud. À peine gris au départ, ils viraient au noir, puis au cuivré. On dépiquait à Montaut. Le vent tiède portait le ronflement saccadé de la batteuse. Quand elle risquait de s'engorger, la locomobile, machine à vapeur nerveuse et puissante qui actionnait le batteur par l'intermédiaire d'une courroie, accélérait son rythme et vomissait une épaisse fumée. Les hommes s'affairaient à leur poste, qui jetant les gerbes sur la batteuse, qui coupant les liens, qui introduisant les épis dans le gouffre où tournait le cylindre égreneur, qui recueillant les grains dans les sacs, qui aménageant une meule de paille où les pluies de l'hiver ne pénétreraient pas. De temps à autre, une cuisinière galopait au bûcher ou à la grange qui servait de salle à manger. La poussière noyait la maison, les machines et les gens.

Il allait être quatre heures. J'étais assis sur un monticule, en bordure de l'enclos réservé aux chevaux, et je contemplais le spectacle. Tout à coup des cloches sonnèrent, du côté de Gaudonville, me sembla-t-il. Au même instant, les cloches de Tournecoupe, du Castéron, de Pordiac, de Pessoulens se mirent en branle. Elles s'accompagnaient et se répondaient. On aurait cru entendre mille forgerons frapper en cadence mille enclumes d'airain. Les hommes plantèrent leur fourche. La machine s'emballa. Comme un râle qui s'achève, elle s'arrêta.

Le ciel était d'un brun jaunâtre. Le vent soufflait en rafales. Le tonnerre lançait de longs éclairs livides. Je courus à l'étable. Mon père, mon grand-père et l'Ernest, figés sur le seuil, muets, regardaient l'orage. « La guerre est déclarée », m'annonça Ernest. Je restai bouche bée. Une sorte d'intuition, où n'entrait aucun raisonnement et que n'appuyait aucune représentation, m'avertissait que l'ère de l'enfance légère, désinvolte, ambitieuse et insouciante à la fois était révolue. Je n'allais pas en effet tarder à connaître l'enfance responsable.

Mon père devait rejoindre son régiment le huitième jour après le décret de mobilisation. Or il était daté du 2 août. Il lui restait donc moins de six jours pour mettre ses affaires en ordre. Quelles affaires ? Quel ordre ? On avait dépiqué depuis plusieurs semaines. Mon père décida de profiter du répit pour répandre le fumier. Mieux avisé, il eût arrêté des mesures conservatoires, quitte à négliger les fumures.

Le domestique devait être normalement incorporé avant la fin de l'année 1914. Il reçut sa feuille de route fin août. Il partit au début de septembre, en confiant à ma grand-mère le soin de garder son couteau neuf jusqu'à son retour.

Mais bientôt le centre mobilisateur avait notifié à mon père qu'il restât dans ses foyers jusqu'à nouvel ordre. Il en éprouva un indicible soulagement. Le Pascal, qui, à la tête de trois vaches étiques, rôdait sans cesse en quête d'une touffe d'herbe, déclara, sentencieux : « Dans ces conditions, tu ne partiras jamais. Dans deux mois, nos pioupious seront à Berlin. »

Sur la route défilait, ininterrompue, la procession des mobilisés. Ils portaient tous une fleur à la boutonnière, saluaient à grands cris et à grands gestes ceux que la mauvaise fortune excluait du voyage : « À Berlin ! À Berlin ! » L'ancien domestique Jeantil, que mon père avait chassé pour incorrection stupide, vint se réconcilier avec lui. On l'accueillit avec chaleur. Quelqu'un lui demanda : « Tu n'as pas peur de la guerre, Jeantil ? – Du tout, répondit-il. J'y serai bien mal si j'y suis aussi mal qu'au camp de Caylus. » Il ne donna plus signe de vie, comme des millions d'autres.

Dès les premiers jours de septembre, l'atmosphère s'alourdit. On parlait de rudes empoignades : « Bougre ! observait le Pascal, ils se battent pour de bon, à présent ! »[3] Il était question de « pertes ». En termes voilés, on évoquait des mouvements de troupes qui, au lieu de marcher sur Berlin, refluaient vers Paris. On avait beau insinuer que l'ennemi reculait sur toute l'étendue du front, que nos vaillantes unités avaient reconquis le terrain évacué pour des raisons tactiques, il devenait de plus en plus évident que cette sale guerre ne serait pas terminée avant l'hiver.

Comme s'il pressentait la fin d'une époque, de son époque, mon père s'acharna plus que jamais aux labours et aux semailles. En rentrant de l'école, l'angoisse m'étouffait. Le trouverais-je encore à la maison quand je déboucherais de l'allée au coin de l'étable aux bestiaux ? Un soir, j'aperçus un baluchon contre le mur de la cuisine. Mon père devait prendre le train de cinq heures moins le quart à Beaumont le lendemain matin 10 décembre. Sa destination initiale était Agen. Mais je savais qu'il partirait beaucoup plus loin, vers des régions que je n'imaginais pas, où les hurlements atroces d'un monstre appelé canon annonçaient la mort des hommes.

Dans la nuit opaque, mon père attela le cheval qui avait naguère remplacé l'alezan et alluma la lanterne du char à banc. Ma mère devait ramener l'attelage. Bien avant l'heure fixée, j'étais debout, grelottant sous ma pèlerine. On pouvait me défendre de l'accompagner : aucune force au monde ne m'en aurait empêché. J'étais ré-

---

3. La phrase en gascon s'est gravée dans ma chair : « *Milo di ! Sé qué hèn a sé hè mau, aro !* » Mot à mot : « Mille dieux ! C'est qu'ils font à se faire mal, maintenant ! »

solu à courir derrière le charreton. Bon gré, mal gré, il fallut m'accepter sur le siège. Le voyage ne me parut ni long, ni bref. Muré dans le silence, enroulé sur moi comme un serpent blessé, je ne sentais ni le froid, ni le temps. Devant la gare, mon père jeta les guides à ma mère, saisit son baluchon, nous embrassa du bout des lèvres. Sa moustache gelée me glaça. « Rentrez ! » dit-il. Je lui criai : « Tu nous écriras tous les jours, papa ! »

Le jour était encore loin de poindre quand nous regagnâmes Fonté au petit trot. Mon grand-père avait pris possession de l'étable où luisait la lampe tempête des veillées. Ma grand-mère distribuait des grains à la volaille. Je m'assis au coin du feu et n'en bougeai plus jusqu'au déjeuner. Pendant le repas mon grand-père adopta le ton du maître. Il notifia aux femmes qu'il convenait d'économiser le fourrage. Bestiaux et chevaux se nourriraient dehors aussi longtemps que la température le permettrait. En conséquence l'une d'elles devrait en assurer la surveillance. La foudre n'aurait pas provoqué une égale stupéfaction. Muettes un instant, les femmes se mirent à glapir de concert, chacune entendant préserver son autonomie. Je n'écoutais que d'une oreille. Mon heure ! Mon heure avait sonné, après les cloches. Les images tournoyaient, se heurtaient, se mêlaient dans ma tête : la génisse rouge, les taureaux beiges, la majestueuse Cabiro, mère de l'étable, les chiens, les chevaux, la jument Fontaine au grand galop, les poulains et pouliches gambadant autour d'elle. Et moi ! Moi enfin chef de cette armée de bêtes, général invincible si j'en étais obéi !

Quand le vacarme fut apaisé, je devinai à son air que mon grand-père s'apprêtait à river leur clou aux deux furies. Je le prévins. « Moi, dis-je très vite, j'irai les garder. Je sais déjà et je suis grand maintenant. » « C'est ça,

marmonna mon grand-père. Le *drollé*[4] manquera l'école et risquera de se faire tuer à cause de ces deux fainéantes. Mais soit ! Après tout, ce ne sont pas mes affaires. » Il ferma son couteau, se leva et sortit. « Tu veux aller garder maintenant ? me demanda-t-il. – Oh oui ! répondis-je. – Comment t'y prendras-tu pour conduire le troupeau jusqu'aux prés de Baïsole ? – Je pousserai le bétail en avant, je suivrai avec les chevaux en tirant Fontaine par le   licol.
– C'est bon ! Viens avec moi. » Il lâcha le bétail parmi les aboiements joyeux des chiens. Nous descendîmes à l'écurie des chevaux. Il passa le licol à la jument, que j'entraînai dehors. Il ouvrit la porte à l'escadron des poulains qui emboîtèrent sagement le pas. Les chiens, agissant en serre-files, maintenaient la cohésion de l'ensemble. Mon grand-père me seconda jusqu'à la route, puis fit demi-tour.

Aucun incident n'assombrit la journée. Quand la lumière déclina, j'appelai doucement Fontaine. Elle approcha aussitôt et baissa la tête pour que je puisse lui passer le licol. Les chiens rassemblèrent le bétail et nous repartîmes vers Fonté. Des bouffées d'orgueil montaient à ma gorge.

Tout l'hiver, sauf aux plus mauvais jours, j'emmenai le troupeau d'abord aux prés de Pessoulens, puis, après Noël, aux friches de *Las Rocos*. J'ai beaucoup cherché la caverne où la Sainte Vierge avait déposé mon frère. Mais, hors de ces escapades, je ne quittais pas mes bêtes. Je m'échinais à dresser la jeune chienne, la Bichéto, fille de la Loubéto. Elle n'était pas docile. J'étais très indulgent à son égard, parce qu'elle était jolie, affectueuse et maligne en diable. Son poil cendré, ras et luisant, ses oreilles plus

---

4.   *Drollé*, en gascon, signifie « jeune garçon ».

mobiles qu'un bec de moineau, ses yeux marron lumineux, son museau presque aussi fin que celui du lévrier me paraissaient lui conférer une dignité d'exception. Elle comprenait la parole. Dans ses bons jours, inutile de la commander : toute bête en rupture de ban était prestement remise dans le droit chemin. Elle adorait s'amuser. Nous jouions tous les trois. Nous courions aux oiseaux. Je lançais des cailloux que la mère ou la fille rapportait. Si je jetais un morceau de bâton, chacune l'attrapait par un bout et elles se le disputaient jusqu'à ce qu'il cassât, ou que l'une d'elles s'en emparât et s'enfuît ventre à terre, poursuivie par sa rivale, avec le dérisoire trophée dans la gueule. Je restais toute la journée dehors, muni de la sacoche que j'emportais à l'école, lestée des mêmes provisions.

Tous les matins j'écrivais à mon père. Drôle d'adresse que la sienne : son nom, puis la mention inintelligible d'un « secteur postal » suivi de trois chiffres. Ma mère me dictait la lettre, en principe. Je consignais péniblement, mais, me semblait-il, fidèlement, ce qu'elle indiquait. Elle décrivait le temps, les menus travaux ; elle énumérait les maigres ventes. La conclusion ne variait pas : « Nous somes tous en bonne santée et nous te souètons de même. » À intervalles, elle prétendait que je trahissais sa pensée, me vouait aux galères et cessait de dicter pendant plusieurs jours. Sa carence ne m'aurait pas déplu si elle n'avait pas exigé que je lui donne lecture des lettres que je rédigeais de mon cru.

Le souci de mon père m'obséda pendant toute la durée de la guerre. J'aurais voulu me représenter les lieux où il se trouvait, l'existence qu'il menait. Certes, je craignais pour tous les mobilisés que j'avais pu connaître, pour les domestiques, pour Ernest en particulier. Mais le sort de mon père m'inspirait une terreur à me rendre malade. Je regardais la date de chaque lettre. Après un soulagement provisoire, je pensais : « Il a bien le temps d'être mort depuis ! » La nuit, très souvent, je l'entendais m'appeler. Je bondissais hors du lit et je me précipitais à la fenêtre. Ma grand-mère allumait la bougie, m'obligeait à me recoucher, à demi sommeillant encore et toujours en proie aux délires du cauchemar.

Le matin de Pâques 1915, nous étions tous réunis pour le déjeuner du matin. Mon frère s'exerçait à se déplacer et à jargonner sur une courtepointe. La silhouette massive et lasse du Ramounet, le père d'Ernest, s'encadra dans la porte. « *Adichats a toutis !* »[5] souffla-t-il. On le fit asseoir à table. On posa une assiette creuse devant lui et on lui tendit la soupière. Le repas se déroula dans un silence funèbre, que troublaient seulement le cliquetis des cuillères et le gazouillis de mon frère. On offrit à l'hôte sa part de bouilli, sans un mot, d'un geste. La dernière bouchée avalée, comme s'il puisait le son au fond de ses entrailles, le Ramounet dit : « Je viens chercher le couteau. » Ma grand-mère prit l'objet, enveloppé dans du papier journal, et le donna au Ramounet, qui déplia soigneusement le paquet. Il ouvrit le couteau. La lame et le manche brillaient d'un éclat égal. Il le referma et l'enfouit dans la poche de son pantalon. Déjà il se levait. « Comment est-il mort ? demanda mon grand-père. – Un obus lui a ouvert le ventre. Il a crié longtemps. Il a beaucoup souffert. – Et c'était quand ? – La nuit de Noël, à Perthes-lès-Hurlus. » Le Ramounet s'en alla, les épaules tombantes, sur ses lents et lourds sabots. Chaque fois

---

5. Formule de salut stéréotypée : Bonjour à tous ! Peut aussi s'entendre au sens étymologique plein : *Adichats* est la contraction de *A Diu siats,* qui signifie littéralement : soyez à Dieu, appartenez à Dieu ; autrement dit : que Dieu vous protège. *Adichats a toutis !* : Que Dieu vous protège tous !

que je commémore les morts de la guerre, au monument aux morts de Larrazet[6], je proclame par la pensée le nom d'Ernest Troyes.

L'été venu, mes occupations de pâtre cédèrent leur primauté aux travaux des champs. Sarcler, guider les vaches devant le brabant, faner, charger le fourrage et l'engranger n'étaient plus un jeu d'amateur. La moisson supposait que l'on « montât la lieuse », comme nous disions. Il s'agissait d'abaisser la grosse roue motrice, d'éliminer les roues porteuses, d'accrocher le timon, de nouer les toiles autour des cylindres, d'enfiler la ficelle dans l'aiguille du lieur en progressant méthodiquement à travers des encoches intermédiaires, sans en omettre une seule. Restait ensuite à régler les engrenages et à graisser. Mon grand-père manifesta d'emblée son intention de ne pas s'associer à ces opérations. Je soutins qu'avec une aide j'en étais capable. Ma mère me brocarda et convia un voisin à les effectuer. J'étais ivre de colère. Quand l'Augustin de Las Clotos se présenta, je me cachai derrière la maison, dans l'enclos des chevaux, là où les cloches de la guerre m'avaient surpris. Je ne me résignais pas à voir un étranger manipuler les outils de mon père. Soudain ma mère m'appela. Je ne bougeai pas. Ma grand-mère vint à la rescousse. Traînant les pieds, je m'avançai vers le hangar. Déshabillée, squelettique, la lieuse n'avait point changé depuis la veille. Les toiles s'étalaient par terre, l'une près de l'autre. Les mains sur les hanches, le chapeau de jonc derrière le crâne, le gros Augustin méditait. La marque de sa lieuse n'était pas la même que la nôtre. Il ignorait le fonctionnement de la Mac Cormick. Il ne parvenait à découvrir ni l'ordre des toiles, ni le sens de leur rotation. Il avait perdu deux heures à des combi-

---

6. En tant que maire du village. *NdE*

naisons infructueuses, sous l'œil réprobateur de ma mère qui n'en savait pas davantage.

J'avais assez fixé mon attention sur la machine pour en connaître à fond les rouages. Non sans une jubilation intérieure d'une rare intensité, je guidai l'Augustin. Je dirigeai le montage de bout en bout, sans jamais daigner répondre directement aux remarques inquiètes de ma mère. L'Augustin exécutait mes instructions à la lettre. Quand il se retira, je le remerciai en ces termes : « Vous, aujourd'hui, vous avez été notre domestique » *(Vos, auei, sets estat noste baïlet)*. Propriétaire solidement assis, l'Augustin répondit en riant : « Un domestique bien maladroit ! » *(Un baïlet pla mau agit !)* Furieuse, ma mère se lança à mes trousses pour me corriger. Elle ne courait pas assez vite.

Je fus cependant puni quelques heures après. J'avais montré tant de capacité que la conduite de la lieuse me revenait de droit. La Marie de Las Planos entraînerait la paire de vaches attelée en tête pour faire *poudriu*[7]. Moi, j'allais monter sur le siège, saisir les rênes de corde, abaisser la lame, régler le rabatteur en distance et en hauteur, puis, au moment précis où la barre de coupe aborderait les tiges, d'un coup de doigt, j'enclencherais les engrenages, en excitant les bœufs avec un long roseau.

Ouais ! Quand l'outil fut à pied d'œuvre, ma mère s'invita aux dernières mises au point. Ensuite elle m'ordonna de m'éloigner. S'agrippant lourdement et maladroitement, elle se hissa sur le siège veuf de mon père, qui m'appartenait par droit d'héritage et de compétence.

---

7. Le *poudriu* est un timon tronqué, assorti d'un câble court qu'on nouait autour du timon arrière. Ce dispositif permettait de doubler un attelage, augmentant ainsi la puissance de traction. « Hè poudriu » (faire *poudriu*) signifie, d'une façon générale, seconder l'effort de bêtes de trait ou de personnes groupées en vue de vaincre une résistance.

Je contemplai un instant la machine qui s'enveloppait d'une poussière roussâtre pendant que les épis tombaient sur le tablier roulant et que le lieur plaquait brutalement les gerbes au sol. Accablé d'une tristesse infinie, j'allai me coucher à l'ombre d'un sorbier en attendant Godot…

Le lendemain matin, à l'aube, je remontai la garde au bétail. À cause de la chaleur, le troupeau devait rentrer vers sept heures. Les chevaux s'ennuyaient dans leur clos. La journée demeurait vide jusqu'à la chute du soleil. De nouveau les bêtes sortaient. Dans l'intervalle j'errais d'une gerbe à l'autre ; je tâchais d'entrer en rapports avec mon grand-père, qui bricolait ici ou là, d'humeur uniformément rébarbative.

Le troisième jour – il pouvait être dix heures du matin – les attelages s'arrêtèrent et ma mère descendit. Penchée devant la barre de coupe, elle essayait de dégager la lame bloquée par les mauvaises herbes. Elle s'était approchée trop près. Agacés par les mouches, les guêpes et les taons, les bœufs avancèrent brusquement. Comme elle avait omis de débrayer, les séparateurs s'enfoncèrent dans sa jambe gauche et la lame sectionna le bord du tibia. Ma mère tomba à la renverse en criant. La Marie de Las Planos avait sauté devant les bœufs, qui restèrent immobiles. Sans la prompte intervention de la voisine, le porte-lame eût écrasé l'imprudente. On détela la lieuse. On emporta ma mère à la maison, gémissant et saignant. Flanqué des deux chiennes, qui tantôt veillaient à ma hauteur, tantôt patrouillaient au-devant de moi et revenaient en trottinant, langue rasant le sol comme pour m'assurer que la route était libre, j'allai prier la Maria Méric d'enfourcher rapidement sa bicyclette et d'appeler le vieux médecin de Gimat, M. Comet, le seul que la mobilisation eût oublié dans les environs. La plaie, selon lui, devait être longue à guérir. De fait, ma mère s'abstint de marcher pendant plus d'un mois.

Le médecin parti, elle tint conseil avec ma grand-mère et la Marie. Il fallait moissonner à Fonté, puis à Las Planos, car on devait rendre le travail à la voisine. J'assistais à la conversation. Mon impassibilité, mon indifférence affectée dissimulaient ma fièvre. Je sentais que mon heure, cette fois, était venue. À compter de ce jour, aidé de la Marie, j'allais lier bœufs et vaches au joug et les atteler bravement, les premiers au timon, les secondes au *poudriu*. Pour douze années consécutives j'étais le maître de la lieuse.

La gerbière et les battages furent pénibles, faute d'hommes. Je participai à tous les travaux. J'essayai de labourer au brabant. Je n'arrivais pas à le retourner. Mon grand-père m'enseigna un coup de main qui imprimait à la double et pesante charrue un mouvement giratoire quasi automatique. Grâce à cette astuce, mon grand-père guidant les vaches et moi poussant les bœufs, nous réussîmes à déchaumer quelques hectares. Des fainéants repentis, le Mourrefin, le Jeannart, le Cariot, nous donnèrent la main. Nous ensemençâmes tant bien que mal — plutôt mal que bien — une quinzaine de sacs de blé ou d'avoine.

Cependant, l'incompatibilité entre ma mère et mon grand-père, que mon père avait contenue dans des limites raisonnables, explosait maintenant à tout propos et hors de propos. Je souffrais de leurs disputes ; je ne supportais pas leur mutisme hostile. Quand les sabots ferrés de mon grand-père martelaient le pavé proche, ils résonnaient dans ma tête comme un gong d'angoisse. Aussi, dès que la saison me délivra des grands travaux, m'empressai-je de reprendre mon bâton de pâtre. Deux fois par semaine je vaquais au ravitaillement. « Toi qui as de si bonnes jambes, petit, me disait-on, va chercher le pain ! » Je me rendais à pied tantôt à Gaudonville, à quatre kilomètres de Fonté, tantôt à Tournecoupe, à cinq kilomètres. J'en ramenais la ration de la famille : une demie-miche (2,5 kg) que je transportais dans un sac de jute fiché sur mon épaule. Je rêvais tout haut qu'on m'achetât un âne. On feignait de ne pas entendre.

Pendant l'hiver 1915-1916, je découvris le plaisir de lire par hasard. Je consacrais quelques loisirs à fouiller dans la chambre obscure. J'ouvris un buffet vermoulu. Des papiers imprimés glissèrent. C'étaient des opuscules de quatre ou huit pages, agrémentés d'illustrations médiocres. Chacun racontait la vie d'un saint. Il y en avait bien un millier. Tous les jours j'en emportais quatre ou cinq.

Quand je partais le matin, précédé des bêtes à cornes, suivi des chevaux, le gel pendait encore aux branches. Pendant près d'une heure nous cheminions sur la pierre dure. Arrivé aux prés, je lâchais Fontaine et, les doigts gourds, j'entreprenais la lecture, fasciné par l'horreur. Franchement, si les saints jouissaient au Ciel d'un bonheur ineffable, ils avaient subi assez de tourments sur terre pour qu'il paraisse inférieur à leurs mérites. D'abord, le Démon ne cessait pas de les harceler. Tentateur, il déployait les séductions les plus capiteuses. Pour lui résister, ils étaient contraints de s'imposer des supplices raffinés, de se flageller jusqu'aux os, de se coucher sur des lits d'épines, de se mutiler, de se condamner à la faim et à la soif. Persécuteur, Satan ne les laissait jamais en repos. Il les tenait éveillés. S'ils s'endormaient, il promenait sur leur ventre ses pattes fourchues ; il labourait leur poitrine de ses cornes ; il les brûlait aux tisons de l'enfer. Que l'élu du Seigneur le chasse d'un signe de croix, il hurle à démolir les maisons ; il s'enfuit à travers les murailles en arrachant les toits et il revient aussitôt... La lutte épuisante contre le Malin débouche sur le martyre. Mourir déchiqueté par les fauves dans un cirque est le plus doux chemin du salut. Les futurs bienheureux conquièrent la palme grâce aux tortures les plus savantes et les plus extravagantes. Ils mettent des jours à trépasser. Ils ne se plaignent pas. Ils chantent des psaumes et acclament le Christ : « Christus regnat ! Christus imperat ! » Ils bénissent et remercient Dieu. Leur dernier souffle est une offrande.

Souvent une peur intense m'étreignait. Mais elle était fugace. Malgré ma naïveté, je n'accordais aucune créance véritable à ces délires. Ils m'ont néanmoins servi de nourriture intellectuelle pendant deux ans. Je ne plaisante pas. À travers leur imagerie morbide, j'y ai glané des rudiments d'histoire et de géographie qui ont meublé le vide scolaire. J'ai compris que le monde n'avait pas commencé avec mon grand-père ; qu'avant les empereurs romains existaient des hommes et des femmes ; que l'univers ne se bornait pas à Fonté, à Pessoulens et à Pordiac ; qu'au-delà s'étendaient des mers et des continents.

Mais le froid me saisissait rapidement. Je posais les feuilletons auprès de ma sacoche et je m'armais du bâton. Les chiennes n'attendaient que ce signal. Elles sautaient au-dessus de ma tête, jappaient vers moi comme pour m'encourager. Nous entamions la chasse le long des haies. Malheur à qui se laissait prendre : souris, mulots, rats d'eau, taupes... un coup de dents... la mort était instantanée. Une des chiennes harponnait les serpents juste à la base de la tête, les secouait violemment, puis les jetait en l'air. Sitôt retombé, le reptile était happé aux deux extrémités et partagé en deux. Chaque bour-

reau emportait sa part du butin. Je feignais de la leur voler. Une course haletante, émaillée de ballets capricieux,
nous occupait des heures entières.

Cette année-là, la chasse ne fut qu'un simulacre et un
entraînement. Je ne pensais pas encore au gibier comes-
tible. Une autre idée me taraudait. N'était-il pas ridicule
de parcourir des kilomètres à pied quand on disposait de
huit chevaux ? Je réfléchis longtemps avant de choisir
une monture. J'aurais souhaité chevaucher un poulain
anglo-arabe, piaffant comme les chevaux des cavaliers
numides qui assuraient la police au martyre de Sainte
Perpétue et de Sainte Félicité. Encore fallait-il le capturer
et le monter, entreprise d'envergure. J'optai finalement
pour Fontaine qui, à tort, me semblait assagie par l'âge.
Je l'abordai avec d'infinies précautions. Je lui caressai la
crinière, le museau, les oreilles, ce qui ne lui plaisait manifestement pas ; je lui donnai du pain, qu'elle mangea
dans ma main avec des grimaces gourmandes. Très vite,
elle vint me trouver sans que je l'appelle. Il ne s'agissait
pas de lui passer le licol en pleine journée. Elle aurait
protesté contre une pareille infraction au rite ; j'aurais
éprouvé les pires difficultés à l'amadouer le soir, au moment de rentrer. Il fallait monter sans licol. Dans le pré,
que risquais-je ? J'attrapai le garrot et tentai un rétablissement. Fontaine me regarda et se remit à paître.
Ma jambe n'escaladait pas la croupe. Je restais pendu le
long de la jument. Je me laissai choir.
De l'autre côté de la haie, un voisin avait empilé des
fagots. Avec mon bâton, j'écartai les broussailles. Je me
faufilai à quatre pattes. Fagot après fagot, je bâtis un socle. Plusieurs fois, je me saisis de la jument un peu avant
le départ ; je l'amenai près du tremplin et, de là, je
m'installai sur son dos. Je commandai à Fontaine

d'avancer. Elle se mit en marche, d'un pas lent et lourd. Au bout d'une centaine de mètres, mon équilibre s'affermit. Mon corps épousait de lui-même les oscillations du cheval. J'ordonnai aux chiens de rameuter le bétail ; j'appelai les poulains ; et le cortège se dirigea vers Fonté. Bien avant d'arriver à la maison, au bas de la côte, je mis pied à terre.

Il fallait à présent apprendre à trotter et à galoper. J'y employai de nombreux après-midi. La jument, ainsi que je l'avais prévu, n'accepta pas aisément que je la prive de pitance et de liberté. Elle se cabra. Je m'agrippai à la crinière. Elle rua, et je descendis comme un paquet de chiffons. J'eus ensuite beaucoup de peine à la rattraper, à la ramener au tremplin, à remonter. Je m'obstinai. Excédée, elle imagina de se frotter contre la plus épaisse des haies. Fouetté au visage, empoigné au corps, je restai suspendu aux branches et aux ronces emmêlées. Hagard, je fouillais anxieusement le sol des yeux. On sait en effet que si un enfant grimpe aux arbres, un serpent sort de sa tanière, le charme comme un oiseau, l'attire et le dévore. Après m'être assuré qu'il n'y avait pas de serpent à l'affût, je me secouai. Mon tablier craqua et je me retrouvai à terre.

Quand les premiers vents d'autan burent les pluies, j'étais un cavalier confirmé. Je cessai de me cacher des écoliers qui longeaient les prés. Au contraire, je les attendais sur le chemin de Pessoulens ou sur le pont de Pordiac, et je les traitais de haut. Au début, des bagarres se déclenchèrent. La victoire me sourit, même seul contre deux ou trois adversaires. Le duel qui m'opposa au Raoul du Laffont établit ma domination au-dessus de toute remise en cause. Le Raoul marchait sur ses quatorze ans. C'était un « capable ». Beaucoup le craignaient. Il m'avait demandé plusieurs fois l'autorisation de monter Fontaine. J'avais toujours refusé sec. Un beau jour, j'entends un galop. Raoul chevauchait, triomphant. Je lui intimai l'ordre de descendre. Il arbora un sourire narquois et m'adressa quelques injures cinglantes. Je fis claquer la langue et désignai du doigt le cavalier aux chiennes. Elles démarrèrent à la vitesse d'une fusée, essayant de crocheter les jambes de l'intrus. La jument força l'allure. Elle fit le tour complet du pré, avisa l'abreuvoir aménagé dans la Baïsole, se cabra et se laissa tomber à la renverse. Le Raoul échappa par miracle à la noyade, aux crocs et à l'écrasement. Il se sauva, meurtri, jurant qu'il me corrigerait d'importance.

En effet ! J'étais pacifiquement assis sur la margelle du pont de Pordiac. Je discutais avec Hélia, Sylvan et Joseph. Pauvre Joseph! Nous lui posions toujours la même question : « Combien font deux et deux, Joseph ? » Il répondait trois, cinq, sept, neuf ; jamais il n'énonça quatre. Son allergie au calcul ne l'empêchait pas d'être doué en peinture et en musique. Il a achevé son existence à la tête d'une ferme qu'il n'a jamais su exploiter correctement. Nous nous gaussions de lui une fois de plus. Tout à coup, Raoul survint. Il ramassait des cailloux qu'il projetait droit devant lui en les faisant siffler au ras du sol. Soudain, il se jette sur mon dos et passe ses deux poignets sous mon menton. J'étais chaussé de galoches cloutées. Je lui en assène un coup sur le tibia. La douleur l'oblige à desserrer la prise. Il exhale un gémissement aigu. Je me retourne et fonce dans son estomac la tête la première. Il tombe, touche le sol des épaules. À genoux sur sa poitrine, je lui martèle la figure. Hélia, sa sœur, geignait, pleurnichait, appelait au secours. À force de me tirer en arrière, Sylvan et Joseph dégagèrent le Raoul. Il se releva et partit vers Pessoulens en courant. Je crois que je ne l'ai jamais revu. Mort de tuberculose à la fleur de l'âge, il occupe une sépulture voisine de la tombe où reposent mes parents.

À l'époque, mes réactions étaient d'une extrême brutalité. Il n'est pas bon qu'un enfant vive dans la ouate, en vase clos et calfeutré. Il n'est sans doute pas souhaitable non plus qu'il soit investi d'un pouvoir sans contrôle. Or, dans mon domaine, j'étais seul maître après Dieu. Et encore ! Si on m'avait poussé dans mes retranchements, j'aurais sans doute revendiqué le premier rang, laissant à Dieu le second, par charité. Je ne reconnaissais à personne le droit de me contraindre. La Marie Long, la mère de mon parrain, en fit la cruelle expérience. Bordière à Peyrac, ancien château fort qui surplombe la route, elle me voyait tous les jours à cheval. Elle en avertit ma mère et ma grand-mère, déplorant avec force jérémiades hypocrites que je me livre à un exercice aussi dangereux pour la monture que pour moi. Je crus qu'elles allaient me traiter comme les chiennes traitaient les serpents. Des heures durant, elles m'abreuvèrent de réprimandes, d'injures et de malédictions. J'étais le dernier des voyous, sans cœur, capable de tout et du reste ! Je refusai le lit de ma grand-mère. J'exigeai de dormir dans un autre, d'ailleurs installé dans la même chambre. Le lendemain, à l'heure habituelle, je lâchai le troupeau. Je conduisis Fontaine près du mur bas, face à la cuisine ; je sautai sur son dos. Ma mère et ma grand-mère affectèrent de n'y porter aucune attention.

En me révélant, dans leur indignation, que la Marie Long m'avait dénoncé, elles l'avaient désignée à mes représailles. J'avais souvent exploré Peyrac, où subsistaient, disait-on, des oubliettes aux parois semées de couteaux affûtés et pointus. Je ne les ai jamais découvertes. Mais je connaissais parfaitement leur implantation. Un soir de juin, je rassemblai le bétail sur la route en direction de

Fonté. Quant à moi, juché sur les reins de Fontaine, suivi des sept poulains que les chiennes maintenaient à ma botte, j'obliquai de façon à prendre Peyrac à revers. À deux cents mètres de l'habitation, j'enlevai ma cavalerie au triple galop. Les huit chevaux passèrent entre les bâtiments à la vitesse d'un cyclone, soulevant un nuage de plumes. Plaquée contre le mur de l'étable, la Marie Long levait les bras au ciel en criant : « Canaille ! Canaille ! » Elle vint à Fonté, tempêta, sanglota. J'expliquai que les chevaux avaient échappé à mon contrôle. Mais un jour que je la rencontrai seule, je m'arrêtai tout près d'elle et lui dis : « Marie, j'ai fait exprès parce que vous m'aviez dénoncé. » Elle me foudroya du regard et répéta : « Canaille ! Canaille ! » Je m'éloignai au petit trot. Jamais plus jusqu'à sa mort, qui survint une trentaine d'années après l'événement, elle ne m'adressa la parole. Et quand son fils, mon parrain, fut tué, elle défendit que j'assiste à la cérémonie funèbre.

Le bétail avait observé l'absence du gardien. Il s'était égaillé à droite et à gauche. Il avait fallu le ramener sur la route. Les chiennes s'y étaient employées avec une ardeur dont témoignaient les jarrets sanglants. J'avais galopé d'un fugitif à l'autre. Fontaine et les poulains s'étaient beaucoup amusés. Mais la troupe était fort excitée. Comme nous remontions vers la ferme dans un calme fragile, la Bichéto, n'écoutant que son zèle, mordit ma jument. L'animal rua. Je me retins à l'encolure et retrouvai mon assiette aussitôt. Fontaine avait perdu un tiers de sa taille, gagné un tiers de sa longueur. Le sol se dérobait. Les peupliers formaient une ligne continue. Affolée, indomptable, la jument piquait droit sur l'écurie. Elle serait passée sous le linteau. Pas moi. J'aurais été immanquablement pulvérisé. Sauter ? J'y songeai. Le risque était excessif. Ma grand-mère croisait dans les parages. Elle mesura le danger, boucha résolument la porte de son corps. Ses gesticulations et ses cris détournèrent la jument qui, fidèle à sa tactique, plongea dans la mare comme un caillou. Elle tremblait de tous ses membres. Je la caressai, l'appelai par son nom, affectueusement. Elle se calma, but nerveusement, et repartit au trot vers l'écurie. En tirant sur le licol et en la rassurant, je réussis à la mettre au pas. Je sautai à terre. Les poulains médusés, rangés comme à la parade, ne se décidaient ni à boire, ni à rentrer.

C'est ainsi que, moins d'une heure après mon expédition de cosaque, la Marie Long faillit être vengée.

Début janvier 1916, une dépêche nous avisa que mon père était hospitalisé à Agen. Une lettre écrite par un de ses camarades précisa qu'il avait frisé la gelure des pieds, ce qui avait déclenché une crise de rhumatismes paralysants. Si nous désirions lui rendre visite, nous serions hébergés par l'oncle François Sabathé, marchand de vaisselle en gros. Ma mère était curieuse de connaître cet oncle, qu'auréolait une légende. Mon frère n'était pas loin de ses trois ans. Comme il était plus calme et plus raisonnable que son âge, on pouvait l'emmener. La Marie de Las Planos et le Firmin aideraient à la maison. Ma mère décida donc de partir.

L'oncle nous attendait à la gare. J'admirai que, sans nous avoir jamais vus, il nous identifiât immédiatement. De taille moyenne, il était presque aussi large que haut. Vêtu d'un pantalon et d'un gilet de laine noirs, cravaté d'un nœud papillon également noir et mince comme un lacet, il était coiffé d'un immense béret décoré d'un crêpe, en souvenir de l'épouse qu'il avait perdue et dont il fleurissait généreusement la tombe chaque dimanche. Son épaisse moustache grise rappelait celle de Méric. Il nous accueillit d'un air bourru, sans fioritures, et nous conduisit à sa maison proche, rue Joseph Barra. Elle était composée d'un vaste entrepôt qui occupait le rez-de-chaussée, et d'un étage. L'appartement comportait, à droite, une cuisine assez pauvre et exiguë, une chambre juste assez spacieuse pour contenir un lit d'une place et une table de nuit ; sur le palier lui-même, un grand pupitre et, tout autour, sur des rayonnages sommaires de bois blanc, des livres, des livres, et encore des livres ; à gauche, une chambre où deux lits se logeaient à l'aise. C'est là que nous habitâmes pendant trois jours. Une bonne, que l'oncle houspillait sans trêve, vaquait au ménage et aidait à la manipulation des marchandises.

Drôle d'homme, l'oncle d'Agen ! Sa force physique était célèbre. Il traînait aisément sur les pavés un char à quatre roues bourré de vaisselle. Dame ! La réquisition lui avait confisqué les chevaux. Ah ! on voulait qu'il en achetât d'autres ? Eh ! bien non. Il les remplacerait de sa personne, voilà tout ! Ses colères étaient terribles. Un jour la bonne lui annonce que le prix de la bouteille d'huile a augmenté d'un sou. Il saisit la bouteille, descend l'escalier quatre à quatre, et la rapporte à l'épicier. Il la pose si violemment sur le comptoir qu'elle se brise. Il exige quand même d'être intégralement remboursé. L'épicier, le connaissant, préfère s'exécuter sans autre forme de procès...

Avec ça, bon comme du bon pain. Il veilla sur mon père comme il aurait veillé sur un fils, prodiguant cadeaux et démarches. Il me prit sous son aile et me raconta sa vie, un peu comme je raconte ici la mienne. Il n'avait jamais mis les pieds dans une école. Ses parents donnaient du chocolat à ses frères. Lui en était privé. Son mauvais caractère expliquait sans doute bien des choses. Quoi qu'il en soit, on l'avait loué à un voisin, à l'âge de dix ans, pour garder les bêtes, moyennant deux sous par semaine. Pendant deux mois, malgré ses réclamations, il ne vit pas la couleur de l'argent. Il s'enfuit donc, dans la direction de son nez. Il tomba chez un jardinier qui l'engagea pour trente sous par mois. Le pactole ! Il y resta cinq ans. Puis il décida de se spécialiser dans l'horticulture et de « faire son tour ». Il devint « compagnon ».

Il approchait la trentaine quand il avait rencontré une jeune veuve, propriétaire d'une humble boutique de vaisselle et bric-à-brac. Entre les mains de l'oncle, l'insignifiante boutique était devenue un des commerces de gros les plus florissants de la région. Il n'avait pas pour autant rompu avec le compagnonnage. Il était assidu aux réunions et cérémonies. Il en parlait avec une émotion pleine de gratitude. C'est que, pendant son tour de France, il avait appris à lire et à écrire. Il s'était jeté dans la lecture avec frénésie. Tout y passait. Deux poètes lui servaient de mesure et de phare : Victor Hugo et Péguy. De Péguy surtout il récitait des tirades interminables. Le massacre avait beau se prolonger, la conviction de l'oncle n'était pas ébranlée : les soldats français combattaient pour la dernière des guerres et pour la République universelle. Jaurès, qu'il avait tant admiré, l'avait déçu. On n'a pas le droit de préférer la paix au rayonnement d'une patrie dépositaire des promesses évangéliques et socialistes. Je n'invente rien après coup. J'ai revu plusieurs fois l'oncle d'Agen. Chaque fois il m'exposait avec fougue la même doctrine, à peu près dans les mêmes termes, en ponctuant ses envolées lyriques d'un : « Souviens-toi, petit ! » Mon père n'appréciait pas ses discours. Conseiller municipal, il avait voué une sorte de culte au maire d'Agen. Il collaborait au *Petit Bleu*, journal de la municipalité. Il se chargeait aussi volontiers de la police les jours d'élection. À lui seul, appuyé sur sa réputation, il tenait une foule en respect. Il ne craignait que Dieu. Que les curés et les sœurs fussent une bande de coquins, nul homme de sens n'en doutait. Mais tous les soirs, avant de se coucher, il jetait son béret sur une chaise, tombait à genoux et récitait un *Notre Père*, un *Je vous salue* et un *De profundis*. S'il n'était pas trop fatigué, il ajoutait un *Je crois en Dieu*.

Après mon grand-père et l'Ernest, il m'exhortait à étudier. « Il faut que tu ailles à l'école et que tu apprennes beaucoup de choses, petit, me répétait-il. L'instruction est la plus belle conquête de la République. Elle est plus nécessaire que le pain. Je ne veux léser aucun de mes héritiers. Mais c'est à toi que je donnerai tous mes livres. » Il possédait entre autres les œuvres complètes de Hugo et de Péguy (je regrette encore *Les Cahiers de la Quinzaine*, en édition originale), et une édition non moins complète de la Grande Encyclopédie. Atteint de lithiase rénale, il s'alita sur la fin de l'année 1919. Une intervention chirurgicale abrégea probablement sa vie. Il mourut dans les premiers jours de janvier 1920, sans testament. Ses biens furent dispersés entre une multitude de neveux et petits-neveux. Parmi les livres, il nous fut attribué un volume dépareillé d'un dictionnaire qui en comptait six…

Lorsque mon père fut à peu près rétabli, l'oncle, qui lui rendait visite tous les jours, intervint auprès du médecin chef pour lui obtenir une longue convalescence. Il revint donc à la maison pour deux semaines. Au cours de la guerre il a dû bénéficier de quatre permissions. Ses retours n'ont laissé aucune trace dans ma mémoire ; les séjours non plus. Je ne me souviens que de ses départs. Ils avaient lieu au gros de l'hiver. Je le vois encore s'enfoncer dans la nuit d'encre, enveloppé dans sa capote bleu-horizon, coiffé du calot, pliant sous le *barda* (musettes, bidons, casque, masque à gaz, sac de linge…), titubant sur la neige crissante. Je languissais toujours autant de lui. J'espérais et désirais son retour définitif avec la même ferveur. Mais ses éphémères passages me semblaient sans doute irréels. Je n'y attachais pas une importance suffisante, obsédé que j'étais par la perspective d'une nouvelle absence. Je n'ai conservé qu'une anecdote, qui m'avait éberlué. C'était au début de 1917. Un gros obus (une marmite, disait-on alors) avait enterré mon père. On l'avait dégagé à la dernière limite. Durant sa convalescence, au marché de Beaumont, les badauds insistèrent pour qu'il décrivît sa mésaventure. « Je ne sais que ceci, raconta-t-il : de mon peloton, je suis le seul survivant. Le capitaine a été décoré de la Croix de guerre. » Il ne convient pas d'interpréter la phrase comme un raccourci satirique. Elle est une notation objective et sereine. Car c'est ainsi que ces hommes ont supporté la guerre : comme une nécessité, comme un devoir fatal, sans jamais se plaindre ni récriminer.

Dans la commune de Pessoulens, les moissons de 1916 ne furent sans doute normales que chez Gamot. À Fonté, nous récoltâmes environ cinquante hectolitres de blé, autant d'avoine. Après partage, la provision était maigre. De nouveau, en septembre-octobre, ma grand-mère et moi grattâmes quelques lopins au brabant pour les semailles d'automne. Mon grand-père laboura une dizaine d'arpents à la charrue, dans les champs les plus éloignés possibles de ceux où nous travaillions. Les journées étaient courtes, puisque nous les amputions du temps nécessaire au pacage. Incomplètement et mal ramassés, les foins n'auraient pas suffi à la consommation, en dépit des ventes qui amenuisaient le troupeau.

Je sentais que la famille était maintenant coupée en deux : d'un côté mon grand-père, en rupture de plus en plus marquée ; de l'autre ma mère, dont la Maignette n'était que le satellite craintif. Il semblait que l'unique souci de ma mère consistât à assurer à mon frère et à elle-même le plus d'avantages compatibles avec la situation. Jamais on ne l'entendait esquisser un projet. Elle n'évoquait même pas les tâches que la succession des jours et des saisons commandait. En d'autres termes, il était clair que l'on dissipait l'acquis. J'aurais voulu en avertir mon père. Mais j'étais incapable d'ordonner en forme des impressions qui se confondaient et qui s'estompaient dès que je voulais les fixer.

Je me sentais complètement isolé. La bonne Maignette m'aurait gavé, quitte à mourir de faim ; elle aurait dépouillé ses vêtements pour me réchauffer, quitte à mourir de froid ; elle aurait accepté de se noyer pour me sauver, de se brûler vive pour m'arracher au feu. Mais elle n'aurait jamais contredit ouvertement ma mère. Mon grand-père ne s'intéressait plus à moi que pour me rudoyer, me reprocher une maladresse ou une initiative inopportune. Ma mère n'avait d'yeux que pour mon frère. Il ne fallait le contrarier en rien. Depuis ma prime enfance je conservais avec soin les rares jouets que l'on m'avait offerts : petits Jésus en sucre dans des sabots en chocolat, jeu de quilles, séries de fausses montres… Je les avais rangés dans un panier que j'appelais panier du bazar. Un jour je surpris mon frère en train de manger les petits Jésus et de casser les montres à coups de marteau. Mon sang ne fit qu'un tour. Ma mère s'interposa. Je dus laisser mon frère achever le massacre.

Il était têtu comme une bourrique. Il passait outre aux interdictions en répétant sur un ton uni : « Quand même ! Quand même ! » Nos relations variaient selon que ma mère et ma grand-mère en étaient ou non témoins. En leur présence, nous nous chamaillions avec une persévérance digne d'un meilleur emploi. Ses grimaces me provoquaient. Il haussait les épaules dès que j'ouvrais la bouche. De mon côté, j'avais découvert une injure qui le jetait dans des convulsions : je l'appelais *Kain*. Je n'ai jamais su quelle pouvait être la signification de ce terme, qui ne figure pas dans le dictionnaire de l'Académie. Il me suffisait qu'à son énoncé mon frère entrât en transes. Énorme commodité : je n'avais pas besoin de le prononcer à voix distincte. Je me contentais de le suggérer en ouvrant et fermant la bouche. De sorte que, me plaçant à table face à mon partenaire, je déclenchais à volonté ses cris de rage et de désespoir, en soutenant effrontément que je n'avais rien dit ni fait. Dès que les femmes s'éloignaient, que nous ne les apercevions plus, nous devenions les meilleurs amis du monde et nous nous serions fait hacher l'un pour l'autre.

Mais mon frère était beaucoup trop petit pour m'aider ou me donner la réplique. Je ne me sentais à l'aise, et heureux, qu'au milieu de mes bêtes. Chacune était singulière et à chacune je parlais son langage. Il y avait une génisse que j'avais baptisée la *Cap-lèuo* (la lève tête), parce qu'elle ne cessait de humer l'air de ses naseaux et de scruter l'horizon pour découvrir la provende à voler. Elle regardait de mon côté, du côté des chiens. Si elle nous voyait absorbés, distraits, elle démarrait d'un pas alerte. Si elle comprenait que nous la surveillions, elle jouait les saintes nitouches, feignait de tourner en rond, de mâchonner une herbe par-ci, une herbe par-là, tout sagement. Que je me cache avec les chiens derrière un buisson, et, après vérification minutieuse, elle s'élançait *a la malo heito* (au mal faire, au fruit défendu). Je l'appelais par son nom. Elle s'arrêtait net et rejoignait le troupeau avec la mine de la plus parfaite innocence, quitte à s'en détacher de nouveau un instant après.

Je continuais à m'instruire grâce à la vie des saints. La lecture m'étant devenue plus familière, j'absorbais maintenant une dizaine d'opuscules par jour. Les anges et les démons ne m'étonnaient plus guère. Ils faisaient, si j'ose dire, partie de mes troupeaux.

La chasse demeurait inscrite au programme quotidien. Je gardais le bétail sur les friches de *Las Rocos*, lorsque je remarquai la Bichéto à plat ventre, le train arrière ramassé sous elle, son museau allongé sur les pattes antérieures, les oreilles collées à la tête, prête à bondir. Je crus qu'elle guettait un moineau tapi dans l'herbe ou un reptile lové. J'approchai sans précaution. Avec un grand bruit de papier froissé, un lièvre démarra comme un éclair, la Bichéto sur ses talons. Le lièvre se dirigeait vers un épais fourré où l'attendait sans doute un gîte habituel. Mais il fallait traverser un large fossé. Le lièvre et la chienne saurèrent d'un seul élan. Les griffes de la Bichéto se plantèrent dans les reins du lièvre qui poussa un cri aigu et s'affaissa de tout son long pour ne plus se relever. Je courus à perdre haleine. La Bichéto se retournait de temps en temps vers moi, sa patte harponnant le lièvre. Je saisis la bête morte par les oreilles. La chienne se mit à gambader en aboyant. J'apportai le butin à la maison. J'exigeai qu'on en fît un civet, qu'on l'expédiât à mon père dans une boîte en fer blanc comme on en fabriquait en série avant la guerre. Ma mère enveloppa la boîte d'un chiffon blanc, où j'écrivis l'adresse au crayon encre. J'éprouvai une joie profonde quand mon père signala qu'il avait reçu le colis et qu'il en avait, avec des camarades, hautement apprécié le contenu. La voie était tracée : nous chasserions pour mon père. Entre le mois de novembre 1916 et le mois d'avril 1917, la Bichéto captura onze lièvres. Certains étaient énormes : l'un d'eux pesait neuf livres. Je veillai à les faire tous envoyer à mon père. La plupart arrivèrent à destination, peu s'égarèrent dans la tourmente.

Si la chasse prit fin en avril, ce ne fut pas faute de gibier : il pullulait. Mais le cœur me manqua tout à coup. Le propriétaire de Fonté avait été mobilisé, en dépit d'une obésité précoce. Son beau-père, le Pierroutet, s'arrogeait le rôle de régisseur, tandis que son père, le vieux Faubin, aveugle et impotent, affectait de ne s'occuper de rien. Le Pierroutet avisa ma mère et ma grand-mère que le vieux Faubin désirait les rencontrer. Il habitait assez loin, entre Pessoulens et Estramiac. Mon frère et la maison furent confiés à la Marie de Las Planos. J'accompagnai les femmes. J'ai toujours ignoré pourquoi elles m'avaient invité. Le vieillard était assis dans un fauteuil canné en bois. Une couverture protégeait ses genoux. Il portait une casquette haute à visière, assez semblable à celle des soldats allemands pendant la dernière guerre. Au fond de son visage couperosé dormaient des yeux gris, lisses et brillants comme les boules de verre que j'achetais chez Goulard, clous hallucinants plantés dans des orbites sanguinolentes. Dès qu'il sentit notre présence, fusèrent des torrents de colère et d'imprécations. Dans mes oreilles retentissent encore des bouts de phrases menaçantes et contradictoires : « Je vous ferai travailler, moi… Je vous fous à la porte, moi… Je vous la ferai payer, la rente, moi… Je vous ferai restituer le cheptel, moi… » Il hurla de la sorte, sans reprendre souffle, durant un temps que je ne saurais évaluer, mais qui me parut un siècle. Mes sentiments étaient mêlés. J'avais envie de lui sauter à la gorge, de le traiter comme la Bichéto traitait les lièvres, qui, eux, n'en pouvaient mais. D'un autre côté, une voix me disait que le vieux n'avait pas absolument tort, car Fonté allait à vau-l'eau. Ma mère et ma grand-mère ne réussirent pas à placer un mot. Doucereuse, la belle-fille, la Zénaïde très illustre, nous expédia : « Allez-vous-en maintenant. Vous le fatiguez. – Oui, allez-vous-en ! cria le monstre aux yeux fixes. Allez-vous-en ! Et qu'à la Saint Martin je n'entende plus parler de vous ! »

Coïncidence ? Relation de cause à effet ? Dans la même semaine, je crois bien, après une altercation de plus avec ma mère, mon grand-père disparut. Je ne l'ai revu que quinze ans après, sur son lit de mort, où un de ses frères, chez qui il s'était retiré, nous avait conviés à lui dire un dernier adieu. Très lucide, il nous salua chacun par notre nom, du ton neutre où le sergent de semaine lit sa liste d'appel. Puis il fit signe qu'il ne désirait pas engager de conversation. J'ai souvent essayé de démêler mes sentiments à son égard. Je n'y parviens pas aujourd'hui plus qu'hier. Caustique, anguleux, coléreux, il me faisait peur. Jamais un geste de lui n'atténuait l'impression de distance et de gêne. Je lui gardais rancune du mépris où il tenait la Maignette. D'un autre côté, son accord avec mon père me persuadait que mon admiration était fondée. Car je l'admirais pour son adresse, pour ses connaissances, pour ses talents de conteur, pour l'autorité intellectuelle qui émanait de sa personne et que tout le monde vantait. Une réconciliation entre mes parents et lui m'aurait comblé. Je l'ai appelée de mes vœux jusqu'à mon mariage. À cette occasion, je lui adressai une invitation discrète, mais pressante. Il me répondit par une lettre affectueuse et glaciale. Il expliquait en style du Grand Siècle que, s'il n'était pas hostile à me rencontrer, bien au contraire, il ne pouvait envisager d'assister à une cérémonie où il se trouverait en présence de personnes qu'il ne désirait plus fréquenter. Il formait toutes sortes de souhaits pour le bonheur et la prospérité de mon foyer. Il terminait en m'assurant de son « affection cordiale ». Je compris qu'il convenait de renoncer à l'espoir de raccommoder les antagonistes. Je n'ai jamais admis qu'il ne soit pas enseveli parmi mes autres parents dans le tombeau de Pessoulens.

La source des travaux, faute du renouvellement perpétuel qu'elle exige, était tarie. À quoi bon récolter les foins, puisque nos bêtes ne les mangeraient pas ? Était-il utile de monter la lieuse pour si peu de céréales ? Ne vaudrait-il pas mieux recourir à un voisin à qui nous rendrions les journées ? Le bon sens prévalut : nous moissonnâmes nous-mêmes. Après les battages, je passai le plus clair de mon temps à lire. Une histoire sainte et un psautier complétèrent la vie des saints. Peu à peu les maquignons enlevaient le bétail. Mon imposant troupeau de trente bêtes se réduisit à huit : le « capital » à partager. Les chevaux partirent eux aussi, très vite. Le jour où le marchand s'empara de Fontaine, pour la somme ridicule de quatre cents francs, je crus toucher le fond de l'abîme. Les larmes, que je refoulais, bloquaient ma gorge. Ma tête bouillait. La vieille Loubéto, la chienne noire, mourut.

Comme si le sort avait résolu de marquer mon destin au fer rouge d'une humiliation indélébile, Madame Gamot insista pour qu'avant de quitter Fonté j'assiste à un repas de famille chez elle. À ma gauche, une de ses nièces ; à ma droite, une autre nièce et sa fille. Bien qu'elles fussent mes aînées, peut-être pour cette raison, un courant de sympathie nous rapprocha tout de suite. Elles s'occupaient de moi comme d'un frère cadet. Marcel Gamot, célibataire endurci et farceur sournois, avait tué un lièvre. On servit un civet fumant, noir comme du jais, dans un plat majestueux. Le Marcel me le tendit : « Fais servir tes filles », me dit-il. Je saisis le plat trop lourd. Il oscilla dans ma main trop frêle. Après un balancement d'amplitude croissante, le civet inonda la robe immaculée de ma voisine de gauche. Le Marcel riait comme un perdu. La voisine s'enfuyait avec des gloussements d'horreur. Madame Gamot, souriante, sereine, du moins en apparence, s'appliquait à me consoler avant même de réparer l'irréparable dommage. Hébété, sans parole et sans voix, je regardais fixement le civet répandu sur la nappe neuve. Ma cervelle vide a enregistré l'événement. J'ignore la suite. Il me semble que les convives continuèrent à manger tranquillement. Je n'avais plus faim. L'incident m'a légué une terreur viscérale, incontrôlable. Des années durant, quand je pénétrais dans un salon, je voyais un énorme civet dont ma main tremblante aspergeait l'assistance. Encore maintenant je ne me sens jamais à l'aise dans une réunion mondaine. Le civet s'est évaporé. La sauce honteuse a pour toujours imprégné la moelle de mes os.

De revers en revers, nous dégringolâmes ainsi jusqu'au 11 novembre 1917.

Encrabère, ou les refus

À la pointe de l'aube, le Firmin, le Joseph, le Pascal, la Marie de Las Planos arrivèrent à la queue leu-leu. Ils entravèrent d'abord la volaille. Ils roulèrent ensuite draps et couvertures, les attachèrent, démontèrent les meubles, pendant que ma mère et ma grand-mère rangeaient la vaisselle dans des paniers garnis de balle de blé. On entrelardait les montants des lits et les portes d'armoires de couettes rayées, de couvre-pieds rouges ou bariolés de fleurs jaunes et ocres. On rembourrait les ridelles avec des édredons, des draps, du linge de table. Au sommet du chargement, on attachait les pots de grès vides, le chaudron de cuivre scintillant. Devant et derrière les ridelles on entassait les corbeilles garnies de volailles, les paniers remplis de menus objets, d'outils à main. Une charrette spéciale emportait les charrues, herses et brabant. À une charrette était accrochée la lieuse, à une autre, la faucheuse.

Vers deux heures de l'après-midi, ma mère attela le cheval. Ma grand-mère monta près d'elle et, ensemble, elles prirent la tête du minable convoi, chargé de pauvres choses encore plus misérables depuis qu'on les avait arrachées au service qui leur donnait raison d'exister. J'avais reçu mission de conduire le cochon. Malgré les supplications de ma mère, mon frère avait décidé de rester près de moi. Nous partîmes tous quatre : mon frère, moi, la Bichéto et le porc. Ce dernier força mon estime. Réputé allergique au sport, il abattit allègrement les six kilomètres qui séparent Fonté d'Encrabère. Le ciel était si bas qu'on l'aurait touché de la main. Les nuages gris viraient au noir de suie au fur et à mesure qu'ils glissaient dans l'atmosphère moite, pressés les uns contre les autres à la manière des moutons quand ils dévalent une pente abrupte, s'arc-boutant les uns aux autres pour mieux freiner des quatre pieds. Le chemin pierreux de La Nouvelle, Peyrac et ses tilleuls couronnés, la cabane de Méric, la brèche de Roland dans le roc de Pordiac, la croix de Pessoulens, dont j'avais si souvent emprunté le socle pour me hisser sur le dos de Fontaine défilèrent devant mes yeux embués. Mon frère me prit la main et m'entraîna. Passé le tournant, après le pont, j'entrais dans un pays inconnu.

Quand nous atteignîmes Encrabère, les ténèbres achevaient de supplanter le jour. À travers la lueur survivante, on mesurait le désastre. Fonté, c'était le palais des bordiers. Un métayer de Fonté jouissait d'une considération supérieure à celle que l'on accordait à des propriétaires besogneux. Encrabère, c'était l'effondrement, la caricature de la ruine économique et de la régression sociale. La bâtisse, réduite à une cuisine dortoir et à une chambre, à une étable en miniature et à une grange croulante, tenait debout par habitude, mieux abritée par les ronces que par la toiture. Les terres, abandonnées depuis bien avant la guerre, n'étaient que friches rébarbatives. Les mauvaises herbes, sèches et touffues, les buissons épars dépassaient la taille d'un homme. Deux sœurs, une veuve et une vieille fille, fluettes, ratatinées et de noir vêtues, avaient consenti à ma mère un bail de métayage. Que partagerait-on ? La moutarde sauvage, les épines des chardons ou les baies des ronciers ? Émergeaient du naufrage le cheval cacochyme, quatre vaches, la chèvre et le cochon. Nous enfermâmes ce monde-là dans l'étable ; nous empilâmes pêle-mêle volailles, linge et meubles dans la cuisine. Les hommes hélèrent leurs bêtes et se retirèrent.

Impossible d'accrocher la suspension aux poutres dans l'obscurité. Impossible de retrouver la lampe tempête. Enfin on mit la main sur une lampe pigeon, que l'on finit par allumer. À la lueur de la fumée, on jeta par terre deux couettes et un matelas. Mon frère et ma mère se couchèrent sur le matelas. Je m'étendis sur une couette entre ma grand-mère et la chienne, les yeux grands ouverts, scrutant le noir, les oreilles tendues au moindre bruit. La fatigue me terrassa. Le lapin, le drap mortuaire du Baraillou surgirent en cauchemar. Une odeur de soufre et de poudre chatouillait mes narines. Toute la nuit la croix d'argent gratta mes prunelles.

Dès le réveil je sortis. J'étais assez mûr pour réfléchir. Préparer les terres était hors de saison, et de question. Avec la faible provision de blé qui nous restait, nous mangerions du pain pendant deux ans, car le rationnement limitait la consommation. Encore faillîmes-nous perdre cette dérisoire relique de notre fortune. Ma mère et ma grand-mère craignaient la réquisition jusqu'à la hantise. Aussi, dès le premier jour de notre aménagement, divisâmes-nous chaque sac en quatre parts, afin de pouvoir ainsi les manier à l'aise. L'opération fut d'autant plus pénible que les efforts étaient plus mal coordonnés. Elle dura des heures, entrecoupée de cris perçants chaque fois qu'une poignée de grains s'évadait vers le sol. Nous plaçâmes ensuite les paquets sur une couche de fagots et nous les couvrîmes avec le peu de bois que nous avions apporté de Fonté. Le lendemain les femmes s'avisèrent que la cachette, suspecte par nature, car la méthode était connue des agents collecteurs, serait trop perméable aux intempéries pour que le blé se conservât. Elles décidèrent donc de le transférer dans un tas de foin moisi entreposé au grenier. Je fus chargé de la plus lourde corvée : éventrer la meule de fourrage, traîner les sacs dans le trou et façonner à nouveau le tas en laissant le moins de traces visibles qu'il se pourrait. La toiture était si basse qu'à chaque mouvement ma tête heurtait douloureusement la charpente, tandis que mes yeux, mon nez, ma bouche se gonflaient d'âcre poussière. L'ouvrage achevé, je jouissais à la fois de la satisfaction que procure le devoir accompli et du sentiment de sécurité que le succès de ma dissimulation m'inspirait. Quinze jours ne s'étaient pas écoulés que se présentait un gradé. Me souvenant des observations que j'avais recueillies pendant les grandes manœuvres de 1913, je crus reconnaître les galons d'adjudant. L'homme marcha droit au bûcher. Il nous pria de le démolir. Ma grand-mère s'y employa aussitôt avec l'ardeur sereine des consciences tranquilles. Le sous-officier l'arrêta promptement. « N'avez-vous pas un grenier ? » demanda-t-il. Ma grand-mère me chargea de l'y conduire. Il était gros et pataud. Quand, du haut de l'échelle dont il avait péniblement gravi les échelons, il aperçut la soupente qu'il aurait dû explorer à quatre pattes, il grommela : « C'est bon ! C'est bon ! » Il redescendit, nous salua bien poliment et s'en alla. Il ne me restait plus qu'à transporter le blé chez le boulanger, à cinq kilomètres, à pied à travers la campagne, mesure après mesure, sur mon dos[8].

Pour le surplus, la seule occupation consistait à lâcher le maigre cheptel dans la brousse et à le ramener le soir à l'étable. Je ne discernai chez ma mère aucune inquiétude du lendemain. Les lettres à mon père, de plus en plus brèves, se bornaient à signaler que nous avions déménagé, que le froid était vif, que le cheval s'était cassé une jambe et qu'il avait fallu le livrer à l'équarrisseur. La naissance d'un veau étoffait la correspondance. À la suite de son « enterrement », on avait affecté mon père à une unité de réserve. J'étais de ce fait moins angoissé. J'envisageais de renouer avec mes activités de braconnier lorsque ma mère décida de m'envoyer à l'école. Pure for-

---

8.   On pratiquait alors l'échange blé pain. *NdE*

malité ! L'instruction ne lui paraissait pas indispensable. Mais j'atteignais les onze ans. Sous peine de ternir sa réputation, elle se devait de me présenter à la Communion solennelle avec les pieux garnements de mon âge. L'année 1917-1918 fut donc l'année de l'école, des bagarres et de la Première Communion.

J'étais devenu robuste. En plaine, j'étais capable de manœuvrer seul une charrette. L'équitation, quelque fruste qu'elle fût, avait assoupli mes muscles. J'avais besoin d'éprouver ma force. Toute complaisance à part, j'inclinais à protéger. Je ne cherchais pas l'affrontement. Mais j'intervenais sans hésiter contre l'injustice, et je ne cédais pas à la provocation. Les batailles étaient quotidiennes. Je les ai oubliées. Je ne relaterai ici que trois combats mémorables.

Le premier m'opposa à un dadais stupide, vantard et cruel. Il se nommait Hector. Si un nom magnifique fut jamais usurpé, celui-là l'était. Il y avait parmi nous un innocent, haut comme un peuplier, maigre comme un échalas, livide jusqu'à la transparence. Un zéphyr l'aurait couché. Il devait d'ailleurs mourir de langueur à dix-huit ans. L'Hector le bombardait de cailloux. Je lui avais plusieurs fois conseillé de le laisser tranquille. Il se retirait en ricanant et recommençait. En sortant du catéchisme, près de la mare banale, d'une pierre acérée soigneusement ajustée, il le blesse à la tempe. Le sang gicle. Hector, sur ses gardes, m'épiait du coin de l'œil. Avant même que je bouge, il s'enfuit à toutes jambes. Je me lance à sa poursuite. Il coupe à travers champs. Parvenu au bord d'un fossé plein d'eau, il hésite. J'étais sur lui. Il tombe. Si la Mélanie, veuve attardée de l'ancien instituteur de mon père, n'avait pas ameuté le voisinage de ses lamentations, il n'est pas impossible que je l'eusse tué.

Une débile, la Lucie, fut à l'origine du second combat. Elle servait dans une ferme située sur le chemin d'Encrabère à Pessoulens. Les jeudis et les dimanches elle m'accompagnait au catéchisme. J'essayais de lui apprendre le *Notre Père*. Elle le récitait sans faute jusqu'à l'église. Le portail franchi, elle était incapable d'articuler un mot. Elle est morte aussi très jeune. Un mirliflore appelé Jean Pouydebat, au demeurant aussi peu doué qu'elle, s'égayait à la torturer de mille façons. Elle subissait, passive. Un jour, il la saisit par les cheveux et entreprit de la traîner. Il n'eut pas le temps de se sauver. Pendant que je lui labourais le visage de mes poings et de mes ongles, je le frappais à grands coups de galoches dans les jambes. Je l'obligeai à se mettre à genoux et à demander pardon.

La troisième victoire fut moins aisée, moins glorieuse. Un garçon de trois ans plus âgé que moi, du nom de Becbec, maigrichon mais plus haut que moi d'une tête, gardait habituellement son bétail non loin d'Encrabère. En mon absence, mon frère surveillait nos quatre bêtes. Le Becbec en faisait le souffre-douleur de ses fantaisies. Il le poussait au milieu des buissons ; il le roulait par terre avec ses pieds ; il le condamnait à courir en le frappant du bâton comme un animal. Je le surpris à ce chantier. Je m'élançai vers lui. D'un moulinet, il m'immobilisa. Je repris mon élan. Il pointa son bâton comme une épée. Mon front buta. Je tombai à la renverse. Mon frère hurlait. Le Becbec s'esquiva. À quelque temps de là, il était assis dans l'herbe, penché sur je ne sais quel bricolage. J'étais, comme à l'ordinaire, muni d'un bâton solide. Je m'approchai à pas de loup. Je lui assénai un tel coup sur la tête que le bâton se rompit. Le Becbec se leva, incertain de lui-même, la main sur le crâne. Il tituba jusqu'au ruisseau et y baigna sa bosse. Il n'a plus jamais hanté les parages.

La lutte était continue sur le front des congénères, mais également sur le front de l'instituteur. M. Paillé, comme si j'étais responsable de ma longue absence, me la reprocha violemment. Il m'assigna une place isolée, en bout de banc, dans le coin le plus sombre de la salle. Pendant un mois il m'ignora. Il me rendit ainsi grand service. J'écoutais leçons et exercices oraux. Je me remémorais ce que j'avais appris ; je m'initiais aux notions inconnues. Les Mériques, dont j'étais content d'être à nouveau le pensionnaire, m'aidèrent de tout leur cœur. Leur zèle affectueux compensait leur incompétence. Que j'en ai calculé, des divisions, des surfaces et des volumes, entre midi et une heure et demie ! Les résultats n'étaient peut-être pas toujours exacts. Peu importe ! Le cerveau se rodait.

En l'absence de notre curé mobilisé, du desservant de Tournecoupe qui ne dirigeait son ventre vers nous que le dimanche, M. Paillé nous faisait réciter le catéchisme. Il m'excluait moralement de la classe, mais il se serait accusé de péché mortel s'il avait omis de m'interroger au catéchisme. Or je savais toujours mes leçons sur le bout du doigt. Qu'il m'invitât à formuler les dix commandements de Dieu, et j'ajoutais spontanément ceux de l'Église. Qu'il réclamât un éclaircissement, je le fournissais d'abondance. « Quelle différence y a-t-il entre les martyrs et les saints ? – M'sieu ! M'sieu ! Tous les martyrs sont des saints parce qu'ils ont subi le martyre et sont morts avec le baptême de sang ou de feu. Tous les saints ne sont pas des martyrs, parce que certains n'ont pas été martyrisés, par exemple Saint Fulgence et Saint Louis. M'sieu… – Assez ! Vas-tu te taire, à la fin ! »

Après les vacances de Noël, il m'associa à la dictée des grands. Je ne m'en tirai pas plus mal qu'eux. Il me soumit à quelques interrogations de calcul : je répondis moyennement. Il me plaça au banc des candidats au certificat d'études. Du coup, ma mère imagina des lauriers. Elle arrêta M. Paillé au sortir de la messe, dans le vestibule de l'église plein de commères aux aguets, pour lui demander s'il ne jugeait pas expédient de me présenter à l'examen. Outré, l'instituteur siffla : « Vous vous moquez ! Votre fils a trop manqué l'école. Et puis il n'arrivera jamais à rien, il écrit trop mal ! » À l'article de la mort, ma mère n'a sûrement pas pardonné à M. Paillé.

Cependant, la Première Communion approchait. Dans la dernière semaine de mai, un prêtre itinérant, comme il y en avait à l'époque, vint compléter la préparation largement entamée par le Frère des écoles chrétiennes. De petite taille, grassouillet, souriant, l'abbé Périssé était un bon, digne et saint prêtre. La faim de Dieu et de ses œuvres le tenaillait. Parmi les Cathares, il eût été un Parfait. Au lieu d'exiger la récitation mécanique du catéchisme, il débitait de longs monologues bourrés d'effusions mystiques et d'anecdotes où éclataient la gloire et la miséricorde du Seigneur. « Nous servons un si bon Maître ! » avait-il coutume de conclure. Pour moi, le terrain était singulièrement propice. J'avais puisé dans mes lectures une culture théologique simpliste et naïve, mais rare pour mon âge et pour ma condition. Jésus descendait de David ? Mais oui ! David, Goliath, la danse devant l'arche. Vous savez bien ? Le Prophète Daniel ? Ah ! il leur a montré de quel bois il se chauffait, aux Babyloniens, dans la fosse aux lions. Quant aux frères Macchabée, ils étaient, à la lettre, devenus des copains. Saint Jean Baptiste pataugeant dans le Jourdain, Hérode recevant sa tête sur un plat : des faits divers familiers. Avec la sotte présomption des ignorants, je prétendais élucider les mystères. La Trinité, la Rédemption, la Transsubstantiation, la Grâce ? Phénomènes ordinaires, à force de vivre en leur compagnie. Par les saints, j'étais instruit de Dieu.

L'abbé Périssé me remarqua dès le premier contact. Bientôt ses monologues se muèrent en dialogues, où ma part n'était pas toujours la plus restreinte. Il m'encourageait à l'interroger, à illustrer ses propos, à doubler ses récits. Je ne me faisais pas prier. Il me prit un jour par l'épaule et me fit asseoir sur une pierre à l'ombre de l'orme creux. Il me parla de la vie du prêtre sur un ton de mièvrerie sucrée, insinuant avec des larmes dans la voix que je serais peut-être « appelé à monter à l'autel ». Le brave abbé aurait pu m'émouvoir. Son homélie me braqua. Je répondis assez agressivement que je n'avais nulle envie de me faire curé. Par contre, j'aimerais bien continuer l'école. L'abbé me conseilla de réfléchir. De son côté, il communiquerait à mes parents les espoirs qu'il fondait sur moi, et il ne manquerait pas de prier pour ma vocation. Quelle fut l'influence de cet entretien sur mes déterminations intimes ? Je crois qu'il incrusta dans mon subconscient l'impression très vague que, si je voulais poursuivre des études, les portes ne m'étaient pas hermétiquement fermées. Il provoqua sans doute la résurgence des exhortations que m'avaient prodiguées mon grand-père et l'Ernest, esquissant une chaîne continue d'impulsions, prolongée et confortée au fil des jours par la décadence irrémédiable de la situation familiale.

Ma position à l'école s'améliorait de semaine en semaine. M. Paillé me considérait toujours comme un franc-tireur. Il ne misait pas sur moi. Il réservait sa vigilance aux quatre candidats au certificat d'études, qu'il chauffait à blanc. Si je m'aventurais à placer un mot, je n'y coupais pas de mes cinquante lignes. En revanche, si une question, une difficulté, un problème bloquaient la classe, il m'interrogeait. Il m'arrivait assez souvent de fournir la réponse exacte ou de débrouiller les écheveaux.

Sur ces entrefaites, on apprit que Mgr Jean François Ernest Ricard, archevêque d'Auch, évêque de Lectoure, Condom, Mirande et Lombez, primat de Novempopulanie, au cours de sa prochaine tournée pastorale, daignerait consentir à la paroisse de Pessoulens l'insigne honneur d'administrer dans son église le sacrement de Confirmation. La nouvelle enchanta M. Paillé, surtout le terrifia. Il lui incombait de faire confectionner et disposer les guirlandes ; de faire dresser et orner l'arc de triomphe ; d'assurer le balayage de l'église, le nettoyage de la sacristie, qui en avait grand besoin ; de choisir et rassembler les ornements et les vases sacrés… Sa mission la plus haute et la plus délicate consistait à rédiger le « compliment ». Huit jours avant la cérémonie, il me retint après la classe, m'informa qu'il me désignait pour lire les deux pages manuscrites qu'il me montra. Désormais je m'exercerais tous les soirs à débiter correctement les phrases ampoulées qui, bien contre mon gré, me jetaient humblement prosterné aux pieds de Sa Grandeur. Au jour dit, je lus. Par bonheur, mes exploits locaux allaient se borner là. Une récidive aurait gravement compromis ma tranquillité, surtout celle de mes parents. Avoir été désigné pour comparaître devant Monseigneur ; avoir eu le toupet de lire convenablement le texte ; avoir reçu les félicitations de l'Archevêque, tout de pourpre vêtu sous l'aube de dentelle et l'étole brodée d'or, mitre en tête et crosse en main, c'était beaucoup plus que mes charitables camarades et leurs commères de mères pouvaient en supporter. M. Paillé ne gagna pas en popularité ce jour-là. Il y avait à Pessoulens et à Pordiac, Dieu merci, assez de gens de bien et de biens, de propriétaires cossus, installés de père en fils. Et le cagot avait osé produire devant le chef du diocèse le bordier d'Encrabère ! Décidément on a raison de dire que ces Frères sont tous des va-nu-pieds, des envieux et des effrontés.

Pendant que les langues allaient leur train, je reçus un signe amical qui m'émeut encore, quand il remonte à ma mémoire. Éloi Faubin, le petit-fils de l'aveugle qui nous avait chassés de Fonté, me dit qu'il aimerait bien « savoir lire comme moi devant tout le monde ». Vengeance subconsciente ? Il critiqua mon panama. « Je n'ai pas voulu de chapeau comme ça, dit-il. Il m'aurait semblé que j'allais à la pêche. Quand on se rend chez le Bon Dieu, il faut être mieux coiffé. » Six mois après, le croup le foudroyait. Il dort au cimetière de Pessoulens.

La Première Communion avait eu lieu le 11 juin 1918 ; la Confirmation, à la fin du même mois. Par voie de conséquence, j'étais libéré de l'école. Cette année-là, il n'y aurait pas eu de moisson sans la sollicitation des Chols. Leur maison délabrée borde le chemin de Marignac à Pessoulens, à quelque trois cents mètres d'Encrabère. Leur fils, le Lisien, mobilisé dans le service auxiliaire, avait bénéficié d'une permission agricole au moment des semailles. Ils avaient donc un peu de blé, d'avoine et d'orge à ramasser. Le mari, atteint de gangrène évolutive à une jambe, ne quittait pas le lit, où il trônait avec autorité, un bonnet de nuit enfoncé jusqu'aux oreilles. Le travail et les ans avaient usé la femme. Ils demandèrent à ma mère de leur couper la récolte. Je remis la lieuse en état de marche, rêvant avec mélancolie aux belles campagnes de Fonté.

Le vieux Chol n'était ni bête, ni discret. Il me posa une multitude de questions sur les raisons de notre étrange déménagement, sur les projets de ma famille. Évidemment nous ne resterions pas à Encrabère quand la guerre serait finie. Où irions-nous ? « Vous avez tout perdu en quittant Fonté, m'expliqua-t-il. Ton père est courageux au travail, c'est entendu. Néanmoins, pour remonter une pareille pente, ce sera dur. Et s'il ne revenait pas ? Je vous vois mal partis, mon enfant. » Il ne se trompait pas, j'en étais conscient.

En deux petites journées, je terminai la moisson des Chols. Ma grand-mère et moi nous attaquâmes la terre au brabant. Elle était sèche, tassée, rebelle à la charrue. Les quatre vaches tiraient de toutes leurs forces. Elles ne remplaçaient pas les bœufs. Quand, en un jour, nous avions labouré deux arpents, nous jugions que nous étions payés de nos peines.

Une fois pour toutes, on m'avait chargé de cueillir les rares légumes qui avaient réussi à émerger parmi les chardons et les mauvaises herbes de toutes variétés. Si j'avais arraché les carottes avec une sarclette, comme il est de coutume, ne discernant pas la tige au milieu de la broussaille, je les aurais toutes mutilées. Je m'efforçais de dégager les bulbes avec mes doigts. Une couleuvre, dérangée, me crocheta l'auriculaire gauche. La plaie s'envenima rapidement. Le bras enfla. Des ganglions aussi gros qu'un œuf de poule se formèrent sous l'aisselle. Une voisine me conduisit chez le médecin. Au retour, je m'évanouis. Durant plusieurs semaines, mon bras refusa tout service. Et voilà les labours arrêtés !

Je suivais les bêtes dans l'immense pacage. Je m'asseyais à flanc de coteau, sous un noyer qui ombrageait une source. Là, d'abord, je lisais le journal. J'avais obtenu de ma mère qu'elle contractât un abonnement au *Télégramme de Toulouse*, à frais communs avec le Chol. Après avoir avancé profondément dans nos lignes, les Allemands paraissaient reculer. Débarqués en foule, les Américains les pressaient. Là-bas, du côté des Dardanelles et de ce qu'on appelait alors les « Empires centraux », les résistances adverses faiblissaient manifestement. Sans être encore capable d'analyser les événements, j'osais caresser l'espoir que la guerre touchait à son terme. Depuis quatre ans, je le souhaitais avec une ardeur anxieuse. Et mon père avait été reversé dans une formation de combat… Les nouvelles épuisées, je fouillais l'avenir avec une telle intensité d'attention que parfois mes yeux m'en faisaient mal. Si mon père achetait une propriété, nous y travaillerions tous ensemble. Mais le pourrait-il ? Cet or qu'il était si heureux et si fier d'avoir amassé, dont personne n'avait plus parlé depuis son départ, qu'était-il devenu ? Lors de sa dernière permission, au mois de janvier précédent, il avait dit, d'un air las : « Nous pourrions peut-être acheter Rocomilhous (« pierres à millions ») quand je reviendrai, si je reviens. » Rocomilhous ? Une bicoque naine, au ras des bois, avec sept ou huit hectares de pierraille autour ? Et la propriété de Gaudonville ? Les ambitions de mon père réduites à Rocomilhous ? Une tristesse infinie, une peur bizarre m'étreignaient. Ma présence constituerait une charge et un embarras. Il ne me resterait qu'à me louer, comme la Lucie.

Les voix de mon grand-père et de l'Ernest rejoignaient celles de l'oncle d'Agen et de l'abbé Périssé. Ma résolution s'élaborait, se précisait, s'affermissait. Puisque la situation était à ce point obérée, il convenait de mettre tout en œuvre pour « aller au collège ». Avec quelles ressources ? Il faudrait évaluer les dépenses. Que ferais-je « au collège » ? Où était, quel était le collège d'où on sortait bachelier ? Comment décider mes parents à assumer des frais que l'on disait si lourds ? Allais-je aggraver leur pauvreté d'obligations nouvelles ? La sueur perlait à mes tempes. Il n'y avait pourtant pas d'autre porte de salut. Il fallait essayer… à tout prix essayer.

En premier lieu, je dévoilerais franchement mes projets à l'abbé Périssé. Il me conseillerait. Peut-être même trouverait-il quelque biais pour m'aider. J'avais entendu dire que certains élèves bénéficiaient d'une bourse. Pourquoi ne m'en accorderait-on pas une ? Trêve d'interrogations. Dès le retour de mon père, je m'ouvrirais à lui. Il m'exposerait ses intentions, ses possibilités. En suite de quoi on trancherait.

J'interrogeais aussi mes préférences. De la terre ou des livres, qu'est-ce qui m'attirait davantage ? Je l'avoue, j'étais incapable de me prononcer nettement. Des heures entières, je recensai mes expériences. Je les comparai. Tantôt je penchais pour les études, tantôt pour l'agriculture. À la condition expresse, naturellement, de ne plus travailler « chez les autres », sous la coupe d'un patron. À défaut de ce préalable, j'aimais mieux endosser risques et privations pour tenter l'accès au diplôme.

En reconnaissance de la moisson, les Chols nous avaient donné deux sacs d'avoine et deux sacs de purges (résidus). Ils subvinrent à l'alimentation des poules durant une partie de l'hiver. Nous grappillâmes dans les vignes vendangées. Au prix de longues semaines, nous remplîmes trois comportes qui donnèrent une barrique de vin et une demie de piquette. Ma mère emprunta trois sacs de blé et trois sacs d'avoine de semence. Quand les pluies d'automne eurent amolli le sol, nous labourâmes plusieurs hectares destinés aux semailles de printemps. De quoi entretenir la misère…

Soudain, le 11 novembre 1918 à midi, les cloches de nouveau carillonnèrent ensemble, comme au soir du 4 août 1914. Elles me surprirent sous le noyer. Le ciel était bas, mais d'un gris clair. La température était douce. J'avais trop attendu, trop espéré, trop désiré ce moment pour le goûter à plein. Je pensais à tous ceux que je ne reverrais pas, au Jeantil, à l'Ernest surtout, à tant d'autres qui plus jamais ne fouleraient leur terre, jamais plus ne danseraient à Pessoulens la nuit de la Saint Blaise ou du Carnaval…

Et mon père ? Le *Télégramme* annonçait des « pertes » encore. Si on avait tué mon père au dernier moment ? Bientôt nous parvint de lui un papier hâtivement griffonné : « La guerre est finie. On est trop content. » Le 4 janvier 1919, à pied depuis Beaumont, chargé comme un mulet bâté, il rentra vers deux heures de l'après-midi. Des poutres basses de la cuisine où flambait un feu de brindilles descendait une chape de vapeur lourde, accablante. J'avais toujours imaginé que ce retour serait célébré dans une joie lumineuse, exubérante. Debout, les bras ballants, face à la cheminée, je regardais sans voir. Mon père raconta quelques anecdotes, décrivit les derniers sursauts de la tuerie, s'enquit des voisins. Il ne posa pas une question sur les affaires familiales. La nuit tombait. Je n'étais pas loin de lui imputer la tristesse froide qui régnait dans l'affreuse cuisine. Demain matin, pensais-je, avec l'aurore, l'espoir se réveillera. Oh ! le piétinement du bétail ne résonnera pas sur le pavé ; les chevaux ne s'ébroueront pas dans leur clos ; les sabots du grand-père ne retentiront plus comme un tambour d'orage ; les domestiques n'interpelleront plus ironiquement les femmes ; le Méric ne réclamera pas sa niôle quotidienne en raclant du gosier. Mais mon père étrillera les vaches en leur lançant des menaces bienveillantes ; il les fera boire en les haranguant ; il ressuscitera les outils qui gisent, morts faute de qui les anime. Il y aura de nouveau des fenaisons, des moissons, des battages. Nous sortirons du roncier. Nous retrouverons une vraie ferme, aussi belle que Fonté. J'y serai le second maître.

Très tôt, j'attendais que mon père traversât la cuisine où je couchais ainsi que ma grand-mère. La Maignette se leva d'abord, alluma la lampe pigeon, découvrit la braise conservée sous la cendre, jeta quelques brindilles dans le foyer, puis sortit. Ma mère se montra peu après. Mon frère grogna et demanda qu'on l'habillât. Il faisait grand jour. Je sortis du lit à mon tour, oppressé. Mon père n'apparut qu'à huit heures passées. Un tel changement, je n'aurais jamais songé à le prévoir. Il but un verre de café et se dirigea vers l'étable. J'emboîtai son pas. Il examina les vaches, pinça le cuir du méplat, derrière le garrot. « Le cuir commencerait à coller, dit-il. Elles sont maigres. Tu les as entendues tousser ? – Non. – Je ne crois pas qu'elles soient malades. Mais il va falloir veiller. – Pourtant, rétorquai-je, nous les conduisons tous les jours au pacage. – Les chardons n'engraissent pas le bétail, mon petit. » J'avais le cœur lourd.

Peu à peu le climat se détendit. Mon père semblait s'adapter à la situation. J'observais cependant je ne sais quoi de plus raide, de plus mécanique dans son allure. Il n'avait jamais été bavard ; il ne desserrait presque plus les dents. Chaque matin, après avoir soigné les bêtes et déjeuné, il s'armait d'une serpe, d'un croissant et d'une fourche, et il coupait du bois toute la journée. Je l'aidais de mon mieux. Il ne répondait à mes questions que par des phrases brèves ou par monosyllabes, comme si le souffle lui manquait. À table, au coin du feu, la conversation chômait. J'épiais le moindre indice. Je n'en discernais pas. Encrabère serait-elle notre dernière demeure ?

Un jour, mon père s'absenta du matin au crépuscule. Il rentra la mine particulièrement renfrognée. Le dos tourné au foyer, il se chauffait. Les femmes grillaient d'impatience. « Avec l'argent qui reste, dit-il, nous ne pouvons acheter que Rocomilhous. Ils en veulent 6000 francs. Peut-être lâcheraient-ils à cinq. » Les femmes piaillèrent. La bâtisse était trop vétuste, trop exiguë. Cinq personnes ne subsisteraient pas sur le lopin de mauvaise terre… Selon leur habitude, au lieu de chercher une solution, elles refusaient par avance d'aborder l'obstacle. Leur attitude ne m'étonnait pas. Celle de mon père, par contre, m'abasourdit. Il ne les rabrouait pas ; il gardait le silence. Il ne fut plus question d'acheter Rocomilhous, ni aucune autre ferme que ce fût. À la veille de Pâques, aucune orientation n'était arrêtée. Apparemment on n'en cherchait aucune.

Nous avions entrepris les labours. Nous attelions les quatre vaches au brabant. Je guidais. Qu'elle était belle, cette terre d'un jaune écru, offerte au grain comme un berceau vivant ! Nous revenions des champs lorsque nous aperçûmes un char à banc s'avancer vers la maison par le chemin de terre qui la reliait à la route de Beaumont. L'homme conduisait le cheval par la bride. Grand, mince, coiffé d'un béret, sa bouche dissimulée par ses moustaches blanches. Il avait la soixantaine. Mon père et lui se saluèrent par leur prénom. Pierre Péros venait proposer sa métairie de Marignac à mi-fruit. On discuta. Il apparut que l'accord serait aisé. Il fut convenu que nous visiterions les lieux.

L'habitation était ancienne et rustique, mais acceptable. Un auvent pavé de briques servait de vestibule et de débarras. Un couloir divisait la maison en deux parties et débouchait dans l'étable. À gauche, la cuisine et une chambre récemment tapissée ; à droite, une autre chambre, une pièce obscure comportant un silo à grains et, les jouxtant, le chai. La grange à foin, assez vaste, était trop basse pour qu'on pût y travailler debout. Le grenier, trop réduit, imposait d'utiliser la cuve en bois de la pièce obscure. L'étable pouvait contenir vingt-deux bêtes à cornes. Il y avait une écurie pour quatre chevaux, un modeste hangar, un fournil, un poulailler, des loges à cochons. Aucun chemin ne ménageait ni accès, ni sorties commodes. Les terres, à peu près toutes en pente vive, étaient affreusement bosselées. Mon père hésitait. Ma mère fit valoir les six hectares de pré arrosés par la Baïsole, les possibilités d'élevage, les conditions libérales, et puis l'avantage suprême : on ne s'éloignait pratiquement pas de Pessoulens. Plus agi qu'agissant, mon père acquiesça.

C'est alors que, sous le noyer, j'engageai avec moi-même l'entretien décisif. J'étais infiniment triste. Peut-être ma santé, franchement mauvaise à ce moment-là, contribuait-elle à ma désespérance. Trois ans plus tôt, fort enrhumé, j'avais absolument voulu assister à la messe de minuit. J'avais contracté une bronchite devenue chronique. Je ne cessais pas de tousser. Je ne mangeais pas. Sauf le pain tendre et le chocolat, toute nourriture me répugnait. J'étais d'une maigreur inquiétante. Je ne me sentais pas gravement frappé, mais les gens me regardaient avec commisération. On ne se gênait pas pour émettre à portée de mon oreille l'opinion que j'étais poitrinaire et que je ne ferais pas de vieux os. Il n'est donc pas impossible que cette terre monteuse, âpre, laide, m'ait fait peur.

Je suis néanmoins certain d'avoir été mu par un pressentiment. Je fus tout de suite convaincu que nous ne nous tirerions pas d'affaire. À coup sûr, j'aurais éprouvé d'insurmontables scrupules à me décharger d'un travail de forçat sur les épaules de mon père, s'il ne les avait lui-même et d'avance écartés. Maintenant que la décision était scellée, il essayait, je pense, de la justifier à ses propres yeux. On élèverait des chevaux, du bétail, des cochons, de la volaille. Les coteaux seraient ensemencés en fourrage, ce qui serait plus rentable et moins pénible. Les femmes renchérissaient.

M. Naude, le curé du village, avait été démobilisé. Mais l'abbé Périssé avait rendu trop de services pendant la guerre pour qu'on l'évinçât du jour au lendemain. Il venait donc très souvent célébrer une messe le dimanche. J'étais encore clerc. Je l'accostai donc sans difficulté. Il m'écouta. En substance, j'expliquai que je ne voulais pas devenir prêtre, mais que je souhaiterais de toutes mes forces « aller au collège » pour devenir officier. La question était de savoir s'il existait un établissement qui préparât au métier d'officier, combien coûterait la pension et si je pourrais obtenir une bourse. L'abbé me répondit que, pour prétendre à une bourse, il faudrait entrer dans l'enseignement de l'État, et que lui ne prêterait jamais la main à une si funeste initiative. Grâces à Dieu, il y avait d'excellents collèges religieux, d'où on sortait bachelier, si on travaillait bien. Ensuite on se présentait à Saint-Cyr. Un tel projet demandait réflexion. Avais-je consulté mes parents ? Je n'avais pas osé ? Eh ! bien, l'abbé conférerait avec M. Naude. À eux deux ils en discuteraient avec ma famille. Entre autres, ils examineraient le problème financier. Mon aspiration était légitime. Il importait cependant de la situer dans un cadre qui favorisât la vocation religieuse, si elle devait éclore. La conclusion était bien celle que je redoutais. Mais j'étais fermement résolu à ne pas reculer.

Le dimanche suivant, les deux prêtres appelèrent mon père et ma mère. Je ne fus pas convié à l'entrevue. À peine à la maison, mon père ouvrit le débat. « Tu veux aller au collège ? – Oui. – Si j'avais su, je n'aurais pas loué une métairie aussi importante. » Le bât me blessait. Je ne soufflai mot. Mon père enchaîna, d'un ton neutre : « Tu as peut-être raison. La terre est menteuse. Si tu es un jour curé de Pessoulens, tu seras bien tranquille. » Je sursautai. Je devinai sur le champ de quelle manière les prêtres avaient amadoué mes parents. Je déclarai avec véhémence que je n'entendais pas entrer dans les ordres, mais que je voulais étudier « pour me faire une situation ». Avec une perfidie précoce, je notai que, si je ne débarrassais pas le plancher, mon frère serait obligé de s'exiler.

Indifférente à l'argument que j'avais aiguisé de longue date, ma mère monta sur ses grands chevaux. De sa voix stridente, elle déversa des flots d'éloquence indignée. On envisageait de consentir pour moi des sacrifices inouïs. Combien coûterait la pension ? Combien coûterait l'entretien ? Si par miracle on parvenait à supporter pareilles dépenses, il conviendrait que je ne commence pas à manifester ma mauvaise tête avant même que la décision fût arrêtée. Drôle de manière, vraiment, d'exprimer ma reconnaissance ! « Tu tâcheras de te conduire comme il faut, s'il te plaît. Tu es beaucoup trop jeune pour savoir si tu seras curé ou non. On verra ça plus tard. D'ailleurs tu n'es pas encore parti. »

Ma mère avait dressé son plan. Refuser explicitement d'y souscrire verrouillait l'avenir. Je me réfugiai à l'abri de quelques formules papelardes où chacun était libre de pêcher le sens qui lui agréerait : « Bien sûr on ne peut pas savoir. Il faut d'abord s'instruire, devenir bachelier. Ensuite on choisit au mieux, en toute connaissance de cause… » Et patati, et patata. Je tremblais et je suais à grosses gouttes. La hâte d'apprendre ma destination me rongeait. Car, si on me proposait le séminaire, je serais contraint d'opposer un refus sans nuances, sans compromis, et de reprendre mon entreprise sur nouveaux frais. Lesquels ? Je tâchai d'extraire à mes parents l'indication capitale. Il me fut vite évident qu'ils l'ignoraient comme moi. « M. le curé viendra », me dirent-ils…

En effet il vint. Il expliqua qu'il n'était pas question de m'inscrire au séminaire, puisque ma vocation n'était rien moins qu'affirmée. Il serait malhonnête d'exercer une pression sur moi, et fort irrévérencieux envers le Seigneur de paraître lui forcer la main. En revanche, il était légitime de me placer dans une institution où mes aptitudes s'épanouiraient et où l'appel de la Providence, s'il devait un jour se faire entendre, rencontrerait un terrain préparé. Il conseillait donc le collège Salinis, à Auch, dont le supérieur avait longtemps dirigé le petit séminaire.

De ce discours sympathique, je retins seulement que M. le curé offrait une solution digne de tous les suffrages. Mi-figue, mi-raisin, ma mère s'informa des prix. Le collège demanderait cent cinquante francs par trimestre, c'est-à-dire à peu près le tiers de la pension complète. En outre, M. le curé proposait de m'initier au latin pendant les vacances, de façon que j'entre directement en cinquième, que M. Paillé me jugeait capable de suivre en français et en calcul. Je gagnerais une année, sans compter que je me trouverais ainsi, à peu de chose près, dans la classe correspondant à mon âge. « Je ne suis pas riche, M. le curé, dit mon père. La guerre m'a tout pris : métairie, bétail et argent. Que le petit se fasse une meilleure situation, s'il peut ! Moi, pourvu que j'aie du pain jusqu'au dernier jour… Ce serait tout de même bien le diable si je n'arrivais pas à payer cinquante francs par mois ! – Et le trousseau ? Et l'argent de poche ? » grinça ma mère. Mon père haussa les épaules, esquissa une moue de vive réprobation. Il se mit à échanger des souvenirs de guerre avec le curé, qui ne tarissait pas sur ce chapitre.

Je ne tardai pas à frapper à la porte du presbytère et à réclamer la grammaire latine. L'éditeur en était J. de Gigord, et l'auteur s'appelait, autant que je me souvienne, Petitmangin. Elle état si clairement conçue et présentée que j'assimilai sans difficulté la définition et l'emploi des cas. Tous les soirs, en gardant les vaches, j'étudiais déclinaisons et conjugaisons, revenant sans cesse en arrière, rabâchant les formes, avec toujours leur traduction exacte. Je lisais et récitais et répétais : nominatif : *rosa*, la rose ; vocatif : *rosa*, ô rose ; génitif : *rosae*, de la rose, et ainsi de suite. Et puis : *amo*, j'aime ; *amas*, tu aimes, etc… Chaque jour j'apprenais par cœur une déclinaison et un mode, et je révisais les leçons précédentes. Je m'acharnais aux thèmes et aux versions, encore des phrases détachées, comme d'autres aux mots croisés. À la différence que l'enjeu, pour moi, était ma vie. Ou je gagnais, ou je subissais le sort de Lucie. Car, en supposant que par impossible mes parents redressent la situation, il n'y aurait pas de place pour deux. Je n'avais pas du tout l'intention d'évincer mon frère sous prétexte que j'étais l'aîné. Y aurais-je songé que ma mère aurait élevé contre mes prétentions un barrage infranchissable. Je le savais de science sûre.

De plus, j'étais engagé d'honneur à réussir. Je connaissais les rumeurs. Les mieux disposées, comme les Mériques, exprimaient la crainte affectueuse que ma santé ne résistât pas au régime du collège. Il me serait agréable de les détromper. Les commères, qui n'avaient pas oublié l'affront que j'avais infligé à elles-mêmes et à leurs rejetons en « complimentant » Monseigneur, se défendaient, certes, de me souhaiter malheur. Elles priaient le Bon Dieu de me guérir. Il faudrait un miracle. Si pâle ! Si maigre ! Et cette toux à fendre l'âme… En m'envoyant au collège, mes parents commettaient une triple folie. Financière d'abord. Ah ! ils en avaient, de l'estomac, ceux-là ! Après avoir jeté l'argent par les fenêtres, condamnés à rester bordiers jusqu'à leur mort, ils s'embarquaient dans les dépenses d'une pension. On disait qu'on leur consentirait des rabais. Soit ! Il faudra tout de même payer. Avec les frais d'habillement et de transport, comment voulez-vous qu'ils s'en sortent ? À quoi leur aura servi l'aventure ? À produire un fainéant, aussi impropre aux labours qu'aux études. Car enfin, ce morveux n'est jamais allé à l'école. Il ne sait rien de ce qu'il faut savoir pour suivre les classes d'un collège. Il sera vite revenu d'Auch ! D'autant qu'il est malade. Seuls des parents dénaturés se séparent d'un enfant qui n'a plus le souffle. Et encore ! Mais cette Marie Barres est si vaniteuse ! Le gamin lui ressemble. Oui, voilà, c'est la vanité qui les égare tous, dans cette famille de moins que rien !

On ne se gênait pas pour tenir ces propos devant la porte de l'église. Si mes parents risquaient de les entendre, on les transposait en compassions et commisérations et déplorations. Comme c'est dommage ! Un petit si éveillé ! Une larme au coin de l'œil, un sanglot discret dans la voix attestaient la sincérité du commentaire. Si j'étais seul en posture d'écouter, les dévotes jetaient les précautions par-dessus les ormeaux. Celles-là, il fallait donc que le succès fasse rentrer le venin dans leur gorge.

Ce n'est pas l'ambition qui me tirait en avant. Qu'aurais-je pu viser, dans une panoplie dont j'ignorais tout, où les mots d'officier, de général et de professeur sonnaient aussi creux que toute autre désignation de carrière ? Me poussaient aux reins l'impérieux besoin de vivre décemment, dignement, et désormais le défi inconsidéré que je venais de lancer aux badauds. Mes motivations, soit dit pour sacrifier au jargon à la mode, se bornaient là. Elles étaient puissantes, heureusement !

Le curé avait transféré ses responsabilités préceptorales à son neveu, qui manquait de zèle et de ponctualité. Destiné aux ordres, il aimait chanter les louanges du Très-Haut en compagnie d'une jeune fille de son âge qui, chaque après-midi, descendait de Pordiac. Férus d'harmonium, ils jouaient à quatre mains. Théoriquement, l'abbé Courtès me donnait deux leçons de deux heures par semaine. Pratiquement, il parcourait rapidement les exercices que je lui rendais et m'en prescrivait de nouveaux. Son oncle, qui avait promis de contrôler les opérations, ne se montra pas de l'été. Quelquefois je rencontrais M. Paillé, qui habitait le presbytère. Au début, il avait paru favorable à mes projets. Ravisé, il les jugeait incongrus et répondait à peine à mon salut. La mère du desservant, la *curèro*, qui mêlait voluptueusement sa note au chœur des dévotes, me regardait d'un œil torve et s'enfermait dans sa cuisine.

Je n'étais pas sensible aux atmosphères. J'avais d'autres chats à fouetter, entre autres *L'Epitome historiae sacrae* dont mon maître venait de me refiler un exemplaire vénérable en me disant : « Tu essaieras de traduire ça. Quand tu liras : *Deus misit soporem Adamo postea*, évite d'écrire : Dieu envoya de la soupe à Adam par la poste. » Et il avait ri de bon cœur en rejoignant Marie-Louise… Sur le chemin du retour, je tentai de déchiffrer l'*Epitome*. Je ne connaissais à peu près aucun terme. Comment traduire ? La panique m'envahissait lorsque je découvris un lexique à la fin du volume. Le moindre répit, je le consacrai à ce merveilleux passe-temps qui consistait à lever, pan après pan, le voile d'une langue inconnue. Et voici qu'en éclairant l'obscurité des mots j'avais le plaisir de renouer avec les personnages de mon Histoire sainte.

De juillet à fin septembre, j'avais assimilé la grammaire latine de sixième, un peu au-delà peut-être, et entièrement traduit l'*Epitome*. Pourtant je n'avais pas failli aux travaux des champs. Comme l'année précédente, j'avais moissonné chez les Chols, dont le fils, beaucoup plus jeune que mon père, ne fut libéré qu'à l'automne. J'avais coupé l'insignifiante récolte d'Encrabère. J'avais secondé mon père sur tous les chantiers qu'il lui avait plu d'ouvrir. Ils ne pouvaient pas être très absorbants. Il n'envisageait pas de défricher la forêt vierge alors qu'il s'apprêtait à s'en évader. Je disposais d'un bon tiers de la journée pour mes études.

Ruptures et fidélités

La rentrée, un peu plus tardive qu'à l'ordinaire, était fixée au 7 octobre 1919, à cinq heures au plus tard. Mon père avait racheté un cheval, trop jeune et trop fluet pour un service intensif. Quand il l'avait acquis, soucieux d'économie, il n'avait pas envisagé d'autres courses que le voyage hebdomadaire au marché de Beaumont. Or, pour se rendre à Auch, il fallait prendre le train à Fleurance, à vingt-sept kilomètres de Pessoulens. Les côtes étaient raides et nombreuses. Pas d'autre moyen de transport que le char à banc attelé du petit cheval. Il peina dur. Jamais je n'ai pu effacer le souvenir de cette bête endolorie.

Pour arriver à Fleurance à neuf heures, nous étions partis à cinq, mon père, ma grand-mère, les bagages et moi. Les bagages étaient sinon lourds, du moins volumineux. D'un côté, roulés dans une couverture, les draps de lit, l'oreiller, un couvre-pieds, un édredon et un sac de couchage en molleton. De l'autre, dans un sac beige en toile serrée que mon père avait rapporté de l'armée, il y avait mon linge de corps, une paire de sabots garnis de paille, des chaussons, des vêtements et des provisions de bouche pour le goûter de quatre heures. Dans la nuit noire je devinai Peyrac, Fonté, Monplaisir, Montaut, le Tartaille… Je vécus à nouveau le drame de l'arrachement. Après Saint Léonard, le jour se leva. Mais le paysage m'était désormais étranger. Par la suite, loisir me serait offert d'en enregistrer le moindre détail, au cours de mes déplacements à bicyclette. Baignant dans le froid du matin, nous atteignîmes Fleurance transis. Le cheval remisé fort loin, nous nous rendîmes à la gare à pied, les bagages sur le dos.

Pour parcourir la trentaine de kilomètres qui séparent Fleurance d'Auch, le train mettait au moins deux heures. À chaque station, il manoeuvrait, décrochant et accrochant des wagons de marchandises. La gare d'Auch est bâtie au pied de la ville, qui grimpe le long du coteau. Sous les bagages, nous gravîmes la pente jusqu'au collège situé du côté opposé de l'agglomération, bien au-delà des Allées d'Étigny, à trois kilomètres du chemin de fer. Nous parvînmes à destination sur le coup de une heure, fourbus, mais réchauffés.

Le concierge, un gros moustachu, nous accueillit rondement. Les parents n'étaient pas autorisés à pénétrer à l'intérieur, ils devaient s'arrêter au parloir. Je pouvais y entreposer mes effets jusqu'à ce qu'un surveillant vienne me chercher et m'indique la place que j'occuperais au dortoir et au vestiaire. Nous profitâmes de la halte pour casser sommairement la croûte. J'avais faim.

Mes parents m'abandonnèrent au parloir afin de reprendre le train de quatre heures. Des nouveaux, accompagnés de leurs père et mère, s'entassaient dans la pièce, transformée en volière. Soudain une porte s'ouvrit. Un curé gigantesque, crâne poli, visage de bois, prononça d'une voix métallique : « Les nouveaux avec moi. En silence. » Je saisis mon sac et mon paquet de literie et je suivis la foule. Au bas d'un escalier, le surveillant tira un papier de sa poche et fit l'appel. Il nous assigna un lit dans le dortoir des petits, puis nous conduisit au vestiaire. Je me préparais à redescendre. « Où allez-vous, Bégué ? » interrogea durement le curé, doué d'une remarquable mémoire des noms et des physionomies. « On ne s'absente pas sans permission », gronda-t-il. Je sollicitai la permission de rejoindre le dortoir. Je rencontrai un garçon de mon âge, petit, maigre, agile, déluré. « Comment t'appelles-tu ? » me demanda-t-il. Je me nommai. « Moi, je m'appelle Saubestre. Gros Lacoste t'a pas encore engueulé ? Ça va venir. » Ainsi appris-je que le géant en soutane répondait au nom de Lacoste. Pendant quatre ans j'allais subir sa férule, en état de guerre permanente contre sa terrible autorité.

Je rangeai mes affaires du mieux que je pus. Je fis mon lit. J'introduisis entre les draps mon sac de couchage, car nous étions prévenus que l'établissement n'était jamais chauffé, quelle que fût la température. On nous intima l'ordre de nous habiller « en tous les jours » et de porter nos « habits du dimanche » au vestiaire. J'apparus donc dans l'uniforme que je ne devais plus guère quitter durant les quatre années suivantes : sabots, bas noirs, pantalon court, tablier noir. Je contemplais le dortoir, ébahi. Il contenait environ cinquante lits, disposés sur deux rangs face à face. Il prenait jour par une dizaine de fenêtres haut perchées que l'on ouvrait et fermait au moyen d'une ficelle. À gauche de la porte d'entrée, un lavabo en zinc surmonté de vingt robinets. Dans un coin, une cage fermée par des rideaux coulissants : l'antre du surveillant. À l'extrémité opposée, une belle porte à deux battants : c'était la chambre de l'abbé Laborde, professeur de quatrième, économe et « père spirituel ».

Dans ce désert obscur et glacé, une seule lumière et une seule chaleur : Saubestre. Il était un de mes voisins de lit. Presque en face de moi, deux frères, grassouillets et mignards, étaient endimanchés. Ils se frottaient les mains et tournaient sans rien toucher. « Ce sont les Boudouresques. Ils sont pleins aux as et les chouchous de Laborde. Tu verras, une nonne arrangera leur lit. » Ainsi fut fait ce jour-là et tous les jours.

En quelques minutes, volubile, Saubestre m'informa de l'essentiel et du reste. Le collège n'acceptait que des pensionnaires, une centaine en tout. On ne sortait qu'aux vacances de Noël, de Pâques et de juillet. Pour éviter de rencontrer les voyous du lycée, la promenade avait lieu le mercredi. Elle était obligatoire. « Quant à la boustifaille, mon vieux, elle est infecte ! » Emploi du temps : lever à cinq heures et demie ; étude de six à sept ; messe de sept heures à sept heures et demie ; petit déjeuner ; classe de huit heures à dix heures et demie ; étude ; déjeuner à midi ; récréation de midi et demie à une heure et demie ; étude ; classe de deux à quatre ; récréation, et goûter à cinq ; étude ; dîner ; étude, méditation et coucher à neuf heures. Prière à chaque début et à chaque fin d'exercices. « On la saute à pieds joints ! On s'emmerde ! Mais on se marre quand même », conclut Saubestre avec un optimisme à toute épreuve. « Est-ce qu'on devient bachelier, ici ? demandai-je le cœur battant. — Ah ! bé, ça, alors ! s'esclaffa Saubestre. Y en a qui passent le bachot, oui, mais y a que les cracks. Les autres, aux oubliettes ! » Il employa un terme plus vulgaire.

Avec un synchronisme parfait, une cloche tinta et un curé nain surgit en frappant dans ses mains : « Silence ! En rangs ! » Nous gagnâmes la vaste salle d'étude où les cent élèves étaient réunis. Massif, les mains dans ses manches, l'abbé Lacoste grimpa au perchoir. « Asseyez-vous ! » Les anciens déballaient leurs livres et leurs cahiers, les rangeaient dans leur pupitre. Je croisais les bras et je regardais. Le concierge entra, poussant une carriole remplie de fournitures : manuels, papier, crayons, porte-plume, gommes dont on enverrait la facture aux familles. Classe par classe, à l'appel de son nom, chacun reçut son lot. M. Lacoste frappa son bureau du plat de sa règle. Tout le monde se leva. Un prêtre nu-tête, cheveux en brosse, soutane moirée, pénétra dans l'étude à pas rapides. M. Lacoste annonça : « Monsieur le Supérieur ! » Dévalant prestement l'escalier du perchoir, il s'inclina avec un respect non affecté. Nous étions figés dans un garde-à-vous impeccable.

Immédiatement je me sentis attiré vers cet homme au visage si noble et si bon à la fois. Embûche après embûche, révolte après révolte, il allait, pendant quatre ans, me protéger de moi et des autres avec une largeur d'esprit et une sollicitude que je n'ai plus jamais observées chez personne. La culture du chanoine Sarran couvrait les humanités classiques à la manière dont on l'entendait jadis. Il pratiquait l'hébreu. Il lisait le latin et le grec à livre ouvert. Il savait par cœur des tirades interminables d'Homère, de Pindare, des tragiques, d'Horace et de Virgile. Au pied levé, il situait une réflexion de Montaigne ou une pensée de Pascal. Il débrouillait les sources avec dextérité. Il jouait des analogies qui insèrent les chefs-d'œuvre dans l'existence quotidienne de chacun. Orateur ample et rigoureux, il était de la race de ceux qui charment, prouvent et émeuvent. Félibre éminent et passionné, il avait conféré un lustre vivant à *L'escolo de las Pirencos*. C'est lui qui organisa la célèbre félibrée de 1923 sur le parvis de la cathédrale. On y joua Simin Palay, Miquèu de Camelat, et aussi deux de ses œuvres : *Lou Perdigau* et *L'Ome blanc* (« Le Perdreau » et « L'Homme en blanc »). Afin de rendre hommage aux *franchimans*, on y donna également une représentation d'*Athalie*. C'est là que je mesurai la puissance universelle des poèmes éternels. Un maquignon en blouse bleue, au moment où Joas-Eliacin comparaît devant Athalie, s'écria d'une voix qu'étreignait une pitié angoissée : « *I ba pas hè mau, bélèu, aquero puto, mi-lo dius ?!* » (Elle ne va pas lui faire de mal, peut-être, cette salope, mille dieux ?!)

Écrivain, l'abbé Sarran a laissé des comédies, des drames, des contes pleins de sel et de poésie. Son humour était célèbre. Lorsque le conseil municipal de Pessoulens-Pordiac décida d'installer une horloge publique, les édiles de Pordiac exigeaient qu'elle fût scellée au clocher de leur église ; ceux de Pessoulens voulaient la garder dans leur village. La querelle s'envenima. Le curé suggéra de s'en remettre à l'arbitrage de M. Sarran. « Il faut placer l'horloge au clocher de Pessoulens, chef-lieu de la commune, trancha le chanoine. Mais il doit être convenu que la première sonnerie sera réservée aux habitants de Pordiac, la seconde à ceux de Pessoulens. » Quand il mourut prématurément, il avait terminé un dictionnaire de la langue gasconne qui, aux dires de ceux qui avaient feuilleté le manuscrit, était une œuvre fondamentale, et monumentale. Les chats fourrés bloquèrent l'ouvrage chez l'éditeur, sous prétexte de garantir les créanciers de l'ecclésiastique défunt, plus apte aux spéculations intellectuelles qu'à la gestion de son portefeuille. L'éditeur est mort. La maison a cessé ses activités. On a perdu les traces du manuscrit[9].

À l'occasion des fêtes solennelles, le chanoine Sarran chantait de sa voix de basse, infiniment souple, prodigue d'accords à faire pâlir d'envie les orchestres symphoniques, emplissant la cathédrale des majestés grégoriennes. Personne n'échappait à son emprise. Il n'en était pas moins contesté : par la hiérarchie, qui redoutait son ombrageuse indépendance ; par ses confrères, que sa tranquille supériorité bousculait ; par ses élèves, que sa causticité lucide agaçait, que ses exigences terrorisaient.

Ce soir-là, il parla très simplement. Nous avions quitté nos familles ; nous en retrouverions une autre : celle du travail et de la discipline, certes, mais aussi du coude à coude fraternel. En cas de besoin ou de découragement, tous nos professeurs nous aideraient, car telle était leur

---

9. J'ai découvert ce manuscrit. Un prêtre du diocèse l'avait acheté lorsqu'on avait dispersé la succession de l'éditeur et l'avait déposé à la Bibliothèque de l'Archevêché d'Auch, où il se trouve encore aujourd'hui (octobre 1977).

vocation et leur mission. Sa porte nous était ouverte à tous les instants du jour : il n'était pas utile de frapper. De fait il se tenait dans un bureau qui servait de bibliothèque et de salle de classe, disparaissant sous les livres amoncelés qui ne lui laissaient pour écrire que la surface d'un sous-main.

Le « père spirituel » lui succéda. Gras et luisant comme un moine de Thélème, barrette sur le crâne, souliers vernis, son corps roulait plutôt qu'il ne marchait. Il lui incombait d'entretenir une pieuse ferveur dans nos âmes. Il n'avait pas le physique de l'emploi. Nous sommes nombreux à n'avoir jamais pris au sérieux les effusions douçâtres qu'il débitait à la façon dont un robinet avare dispense l'eau tiède. Sa douillette chambre bureau, au fond de notre dortoir, était toujours chauffée à blanc. Les frères Boudouresques y passaient leurs soirées. En tant qu'économe, nous lui devions la lessive baptisée potage, les lentilles généreusement assaisonnées de cailloux, le cuir bouilli sous le nom de viande, les feuilles de salade épatées que nous appelions lochodromes, le vin qui se décomposait dans les verres, les morceaux de pain moisi et autres gâteries. En nous invitant à mépriser les biens de ce monde, il nous en communiquait la nostalgie. Paradoxe diabolique : je commençais précisément à ressentir la faim…

Au réfectoire, je me plaçai à côté de Saubestre. Nous étions divisés en sections : à chacune son plat. Les assiettes étaient épaisses de deux centimètres et pesaient une livre. Nous fournissions le couvert et la serviette. J'allais m'asseoir. Saubestre me bourra du coude. En effet tout le monde se tenait debout. Lacoste, martelant les mots, récita : « Benedicite ! » En chœur, la communauté répéta : « Benedicite ! » Lacoste poursuivit : « Benedic nos, Domine, et haec tua dona quae de tua largitate sumus sumpturi, per Christum Dominum nostrum. – Amen ! » hurla le chœur. Et l'on s'assit en silence. Au bout d'un moment : « Benedicamus Domino », asséna Lacoste du ton où il aurait commandé : Feu ! « Deo gratias ! » hurla le chœur derechef. Et les conversations fusèrent. Je fis connaissance ce soir-là avec les lentilles à la pierre : « Mange, m'encourageait Saubestre. Mange, tout est pour toi ! »

Il était le plus chic des copains, le brave Saubestre. Il devint mon partenaire attitré aux boulards. Je n'étais pas maladroit à ce jeu. Je l'avertissais : « Je vais te tuer, Saubestre ! » Il multipliait les plus hideuses grimaces et les contorsions magiques. En guise d'incantation il rabâchait, en traçant des croix sur le parcours de mon boulard : « Hé, hé ! Les-z-hasards, des fois… ! » Ses performances intellectuelles étaient médiocres. Le collège l'exclut à la fin de la seconde. Il fit néanmoins carrière à l'Élysée, où il devint le chauffeur personnel de Gaston Doumergue. En 1940, les bombes allemandes l'écrasèrent en gare de Gand.

Il n'accepta de croire que j'entrais en cinquième comme lui que lorsqu'il me vit installé dans la classe. Il ne comprenait pas qu'on soit admis en cinquième sans avoir peiné sur les rudiments de la sixième. Notre professeur principal était l'abbé Dartigues. Il avait obtenu le titre de Docteur ès Lettres avec une thèse consacrée à Guy du Faur de Pibrac, dont on longe le château en montant au sanctuaire de Sainte Germaine. La hiérarchie ne semblait pas lui en savoir gré. En fait, il n'enseignait ni mieux, ni plus mal qu'un autre, dans cette école où la mécanique et l'autorité remplaçaient avantageusement les panacées de la pédagogie. Peut-être l'amertume d'une humiliation rongeait-elle son cœur. En tout cas, il ne se départissait jamais d'une rogne sourcilleuse. Son neveu était notre condisciple. Il le rouait de coups en hurlant : « Tu es ma honte et mon déshonneur ! »

En latin, chaque heure de classe comportait une récitation de grammaire, un thème ou une version par écrit, des explications de texte improvisées. Cornelius Nepos était notre bréviaire. En français, nous étions voués aux analyses grammaticales et logiques, entrecoupées d'une rédaction et d'une dictée par semaine. *Esther* meublait les vides. À la première composition de latin et de français, j'obtins la première place, que je conservai jusqu'aux grandes vacances. En allemand, l'abbé Lauzero nous faisait traduire de courtes phrases, tantôt en forme de version, tantôt en forme de thème. Nous récitions des séries de mots et de verbes irréguliers. C'était mortel. Et j'abordais la langue pour la première fois. Par bonheur notre germaniste prononçait à la gasconne. J'étais moins dépaysé. À la fin de l'année, je me situais dans la première moitié de la classe.

L'obstacle le plus rude, au début, et le plus vite aboli, fut le calcul. L'abbé Déauze était un enseignant habile. En quelques semaines il effaça mes tares originelles et m'inculqua l'art de raisonner sur un problème selon une méthode sensée. À la fin du deuxième trimestre, j'accédai aussi à la première place en une matière que personne ne s'avisait alors d'affubler du titre pompeux, en cinquième, de « mathématiques ». En toute modestie et vérité, on l'appelait calcul ou, à la rigueur, arithmétique.

J'étais également premier en histoire. En géographie, je traînais lamentablement la patte, parce que j'étais aussi incapable de lire une carte que de la reproduire. Inaptitude congénitale et incurable ? À l'École militaire, je devais apprendre à me servir correctement et avec aisance d'une carte d'état-major, d'une boussole et d'un compas. Mystère des déblocages tardifs…

J'accomplissais mes tâches avec une extrême rapidité. À part les rédactions, auxquelles je consacrais une heure et demie à deux heures, le reste des devoirs ne me demandait pas plus d'une demi-heure. Aucune leçon ne me retenait plus de dix minutes. Je disposais donc d'amples loisirs. En fouillant dans les placards, en sollicitant le Supérieur de temps à autre, je me procurai des livres et j'entrepris de les lire en étude, malgré l'interdiction. Les infractions au règlement n'étaient dangereuses que si on se faisait prendre. Si, en dépit des précautions, on était pris, il ne s'agissait que de payer, stoïquement, le moins cher possible.

Dès la première quinzaine d'internat, je récoltai ma première punition. Le corps à moitié hors du lit, je reprochais à Saubestre d'avoir triché aux billes. Sans que je l'entende ni l'aperçoive, le surveillant se pencha vers moi : « Lève-toi et mets ton pantalon », souffla-t-il. Je m'exécutai. Il me saisit par le bras et me tira sur le palier : « À genoux ! » Il me laissa ainsi plus d'une heure, lorgnant toutes les cinq minutes pour voir s je ne m'étais pas sauvé. Je songeai à déguerpir. Je me sentais seul, horriblement faible dans un milieu écrasant d'hostilité. Pourquoi ne pas m'évader ? Il me suffisait d'escalader la murette de la cour, de me glisser dans les jardins en contrebas. Je demanderais la route de Fleurance et je saurais bien arriver chez moi. Les souvenirs de mon enfance défilaient dans ma tête : la chèvre, les chiens, la jument Fontaine, mon grand-père, l'Ernest, mon père, la Maignette qui me protégeait si tendrement… Le cœur était gros, la gorge nouée. Mais non ! Les commères triompheraient. Et je finirais maître-valet, au mieux. Il fallait tenir, à n'importe quel prix.

Quand le pion me renvoya au lit, je grelottais, je claquais des dents, je ne sentais plus mes membres engourdis. Cette première épreuve entraîna deux conséquences. Elle cautérisa ma bronchite. J'en ai souffert longtemps, mais par périodes. La toux perpétuelle disparut pour toujours. Elle m'établit ensuite, sans autre forme de procès, en position de révolte. Sous réserve d'accalmies provisoires, je ne devais plus en démordre. En sorte que, si ma fureur de lire répondait à une curiosité sincère et spontanée, elle était avivée par le besoin de désobéir. Je posais un dictionnaire devant moi ; je poussais contre lui mon livre, de façon à diminuer l'angle de vue, et je me régalais du fruit défendu. Par je ne sais quel hasard, j'avais déniché un exemplaire des *Caractères* de La Bruyère. Je lisais *Le distrait* : Ménalque descend son escalier… etc. Tout à coup, je pouffe de rire. Scandale affreux ! « Portez-moi ce livre ! », commanda Lacoste. Il l'examina : « Deux cents vers de Virgile ! » Je copiai la première *Bucolique* en comptant le nom des interlocuteurs, inscrit au milieu de la ligne, pour un vers. M. Lacoste frisa le coup de sang : « Cinq cents, dit-il, et privé de provisions pendant huit jours. » Cinq cents vers ? Bigre ! Mais qu'étaient-ils à côté des provisions ? Une caisse en bois, cadenassée, contenait saucisson, saucisse sèche, pâté, chocolat, figues sèches, prunes confites… À la mi trimestre, mon père et ma grand-mère venaient me voir et renouvelaient le stock. Ils ajoutaient chaque fois quatre douzaines de crêpes, que j'avalais en trois ou quatre soirées. Le goûter de quatre heures était le seul repas confortable de la journée. Je consultai Saubestre. Il se frotta les mains.

Nous jouions aux barres. Il ripa lentement. En quelques secondes, quand il fut à bonne portée, avançant à quatre pattes le long de la murette, il atteignit l'angle de la serre, fermée à clé, où se trouvaient les provisions. Il escalada la murette, gagna une cache à l'abri de la verrière. Je pouvais suivre sa progression en feignant de continuer la partie. Un rétablissement, et il fut sur le toit, à plat ventre. Je le perdis de vue. Mais j'avais repéré la travée où il cheminait en rampant. Il revint promptement par le même itinéraire, les poches bourrées de victuailles, sans compter les suppléments qu'il avait logés entre sa poitrine et sa chemise. Il avait puisé dans ma caisse et dans la sienne. Personne n'avait remarqué le manège. Avec une dextérité d'illusionniste, il me passa le ravitaillement. Par la suite j'ai cent fois effectué la même incursion, sans le moindre accident. Je savais utiliser les angles morts et les défilements. Quand on était parvenu au bon endroit, un verre glissait entre les rainures. On s'introduisait dans la serre, on se servait et on remontait aussitôt. Nous n'avons jamais été plus de trois dans le secret. Aucun de nous ne fut intercepté. Le plus difficile consistait à dissimuler les denrées. On y arrivait, quitte à souiller les poches de graisse ou de chocolat fondu.

La conquête des provisions en temps prohibé occupa le plus clair des récréations. La paire que nous formions, Saubestre et moi, avait accueilli un troisième garnement, nommé Roquejoffre. Il était inventif, et disponible à toutes nos suggestions. C'était un technicien de la disparition subite. Lacoste ne le quittait pas des yeux. Faisant semblant de s'amuser, il se cachait derrière un arbre, se coulait autour du fût, bondissait à l'abri du tronc protecteur, sautait par-dessus le puits. Lacoste ne le retrouvait qu'en étude, où il se présentait avant les autres, la mine confite en sagesse.

Un jour que j'avais étalé une épaisse couche de pâté interdit sur mon pain, je voulus imiter Roquejoffre. Je sautai trop court. Ma jambe droite racla la margelle. Je gardai assez de présence d'esprit pour jeter mon pain dans le puits. Lacoste, après m'avoir dûment infligé la copie de mille vers latins, me dirigea vers l'infirmerie. Les bonnes sœurs posèrent à même la plaie une gaze qui s'effilocha dans la chair. À la sortie de juillet je n'étais pas encore guéri. En attendant, je fus décrété de quarantaine, c'est-à-dire que, pendant quarante jours, il m'était défendu, sous peine d'exclusion immédiate, d'adresser la parole à quiconque, et à tous autres de m'adresser la parole. Naturellement, je fus privé de promenade pendant cinq semaines. Jamais les relations avec Saubestre et Roquejoffre ne furent plus étroites. Le ravitaillement abondait.

L'année scolaire faillit tourner complètement à l'aigre. Le samedi on distribuait une feuille où était inscrite, à gauche, une liste de bonnes actions et de sacrifices, et en haut, les jours de la semaine. On lisait de haut en bas : communions, chapelets, abstinences, jeûnes, etc. Nous n'ignorions pas que l'invention émanait du père spirituel économe, et nous estimions que la piété secondait à point nommé la ladrerie de l'intendant. Un fayot dégingandé, pas très malin, qui portait le nom prédestiné de Mouton et que nous appelions Pustule, m'entendit développer ce thème et me cafarda. Je venais d'achever ma quarantaine. L'abbé Laborde me le rappela sans indulgence. Il m'apprit que mon âme était plus noire que l'enfer, ce dont je me souciais comme un poisson d'une pomme. Plus préoccupante était la menace de me livrer au bras séculier, en l'espèce à Lacoste.

Je remettais toujours le tableau des bonnes actions et sacrifices indemne de toute annotation. Cette fois, contrefaisant le modèle et mon écriture, j'en établis un exemplaire de mon cru. La liste des efforts consentis pour secouer les chaînes du démon et devenir meilleur y était remplacée par une nomenclature gastronomique : pâté, jambon, crêpes, chocolat. En face, sur chaque indication de jour, deux croix, ce qui signifiait que j'avais mangé deux fois par jour ces gourmandises. Au-dessous, en lettres plus appuyées, deux rubriques s'adressaient directement à MM. Laborde et Lacoste, leur présentant des saluts et leur décernant des titres qui sont en général bannis du langage civilisé. Et en face, il y en avait, des croix… ! Le dépouillement des papiers déclencha une enquête instantanée. Plusieurs jours durant nous comparûmes les uns après les autres devant le père spirituel. Il nous invitait à reproduire des lettres d'imprimerie majuscules, avec interdiction à chacun de révéler la nature de l'épreuve à âme qui vive. Précaution puérile ! Je sentais nettement que je comptais parmi les plus suspects. Mais j'avais tracé le billet peccant et injurieux en utilisant un montage de trois plumes. Rien qui déforme davantage une écriture. Il me suffisait donc de me servir d'une plume normalement ajustée au porte-plume pour que nul ne pût m'identifier. Un prétendant au titre de romancier, un certain Darmagnac, qui signait bravement d'Armagnac, expliquait à qui voulait l'écouter qu'un voyou du lycée avait jeté ce papier par dessus le mur de clôture et qu'un pensionnaire l'avait ramassé par mégarde. À force de raconter cette abracadabrante histoire, il y croyait sincèrement, et le clan du père spirituel, Lacoste en tête, était ébranlé. Je fus acquitté au bénéfice du doute. On ne découvrit pas le coupable, et pour cause. Mais j'avais eu chaud !

À la rentrée, le père spirituel économe coiffa la casquette, ou plutôt la barrette, du professeur de quatrième. Son enseignement était aussi captivant que ses homélies. Le ronron de salive chuintante me berçait. Je remettais ponctuellement mes devoirs. Je récitais les leçons quand on m'interrogeait. J'étais régulièrement premier aux compositions mensuelles, sauf en allemand et en géographie. Pendant les vacances le neveu du curé m'avait prêté une grammaire grecque. Toujours en gardant le bétail, j'avais appris l'alphabet, les deux premières déclinaisons non contractes, le verbe εἰμί et l'actif de λύω. J'avais même étudié les duels, qui se ressemblent toujours, ce qui m'amusait beaucoup. J'étais en avance. Je suivais les classes en roue libre.

Cependant, je ne faisais plus parler de moi, nulle part. Incrédules, les surveillants se demandaient avec un étonnement sceptique si je n'allais pas me convertir. À la vérité, mon attention se concentrait sur un très important problème. Le seul sport autorisé, sinon encouragé, était le rugby. La campagne acharnée de Saubestre, Roquejoffre, Bonassies et quelques autres, un goût certain et peut-être aussi une certaine aptitude à ce jeu, m'avaient hissé aux responsabilités de chef de camp junior. Débordant les fonctions de capitaine, le chef de camp devait pourvoir aux besoins de son équipe. Il était à la fois le commandant, l'entraîneur et l'économe. Il avait droit à une sortie de deux heures par semaine, le mercredi après la promenade, pour effectuer les emplettes nécessaires. Il disposait à cet effet d'un budget alimenté par des cotisations et géré par lui sous le contrôle d'un comité d'élèves, en fait sous la surveillance d'un prêtre délégué aux activités parascolaires. Pareilles fonctions étaient donc assorties de privilèges considérables, exorbitants du droit commun. Il ne s'agissait pas de s'en dépouiller pour le plaisir de jouer un tour de plus aux deux corbeaux, pour détestables qu'ils fussent. J'étais résolu à tout mettre en œuvre pour les conserver. J'y attachais un prix démesuré pour la raison que voici.

Je manquais d'argent. Mes parents, quand ma mère n'était pas de trop méchante humeur, me donnaient environ vingt francs par trimestre. À se payer une tablette de chocolat quand on est content de soi, pour se récompenser, ou mécontent, pour se consoler ; à faire réparer une chaussure ou un gros accroc à un vêtement ; à honorer le coiffeur ; à acquérir quelque publication ou quelque livre au marché noir ; à s'approvisionner en boulards de fer et de verre multicolore... vingt francs ne résistaient pas trois mois. Il fallait aussi régler le chemin de fer, à l'aller et au retour, sur le même crédit. Si j'avais la mauvaise fortune de me heurter à ma mère sur la fin des vacances, je ne voyais pas la couleur des vingt francs... La Maignette, quand elle m'avait gratifié d'une pièce de cinq francs pour les frais du voyage, avait sérieusement écorné ses ressources disponibles.

J'avais constaté que les chapelets, exclusivité du père spirituel, ne duraient pas huit jours dans nos poches encombrées des objets les plus hétéroclites. Ils coûtaient trente sous. Obligés de les montrer intacts à toute réquisition, sous astreinte de deux cents vers latins, les chapelets nous ruinaient tous, riches et pauvres. Or j'avais remarqué, à la vitrine d'un libraire barbu dont je sus bientôt qu'il était le Vénérable de la loge maçonnique, des chapelets qui me semblaient solides. Il fallait d'abord éviter d'être vu chez le libraire. Au coin de la cathédrale, sur une place farcie de curés et de sœurs, la boutique était dangereusement située. Ensuite il fallait pousser la porte, interpeller le libraire barbu, demander à voir la marchandise, s'enquérir du prix. Toutes ces démarches ne me plaisaient qu'à moitié. Enfin, écoulerais-je mon achalandage, et avec un bénéfice assez intéressant ? Vis à vis de Roquejoffre, bavard, je gardai le secret. Je pris avis de Saubestre, qui applaudit à l'idée, m'assura du succès. Je me jetai à l'eau. Le libraire me montra un chapelet. Je l'examinai. Ses grains étaient en fer, ou quelque chose d'approchant. L'attache était, semblait-il, en laiton souple. Je tirai, elle ne céda pas. D'aspect il se confondait avec les chapelets orthodoxes du père spirituel. La différence, argument de vente, résidait en la solidité, et aussi dans l'origine. Venant d'un franc-maçon, il exhalait un parfum d'exotisme. Enfin, considération déterminante : l'argent ne tomberait pas dans l'escarcelle du père spirituel. Le prix était imbattable : cinq sous. J'en achetai quatre. À vingt sous l'un, je les vendis dans la matinée du lendemain. Le mercredi suivant, j'en achetai dix. Je les écoulai en deux jours.

J'adjoignis alors à mon éventaire quelques riens : des crayons, des carnets, des plumes surtout. Le collège ne distribuait que des plumes courtes, larges, dont la pointe sortait brusquement d'entre deux ailes. Il était extrêmement malaisé de les ajuster à plusieurs sur un même porte-plume. J'introduisis la *Sergent Major*. Bientôt la demande afflua. Les plus astucieux groupaient jusqu'à cinq *Sergent Major* sous un même porte-plume. Pour ma part, je ne réussissais pas à dépasser la combinaison de trois plumes. Le système permettait de copier les vers trois par trois, sinon cinq par cinq ! Les plumes fonctionnaient en porte-à-faux. Elles ne duraient pas longtemps. J'obtenais deux plumes pour un sou chez le franc-maçon, et je les cédais à raison de trois pour dix sous, ou de cinq pour quinze sous. Je continuai ce trafic jusqu'à Pâques.

À la fin du premier trimestre, le Supérieur me demanda si j'avais l'impression de travailler. Je me récriai respectueusement. Il m'informa qu'il ne partageait pas du tout mon opinion, car, en réalité, je n'en fichais pas une ramée ; qu'il avait en conséquence décidé de me transférer en troisième à compter du 1er janvier. « Du reste, ajouta-t-il, l'examen me renseignera. » J'eus froid dans le dos. Un examen oral clôturait en effet chaque trimestre. Le malheureux qui n'obtenait pas la moyenne à une ou plusieurs interrogations les subissait à nouveau. Il ne partait en vacances qu'après avoir atteint le 10 fatidique. Si les congés s'étaient écoulés pendant qu'il soufflait, suait, ahanait sans résultat, il ne lui restait plus qu'à espérer un sort meilleur dans l'avenir. En juillet, celui qui arrivait à une moyenne de compositions et d'examen inférieure à 7 était invité à rester dans ses foyers… Ma conscience me reprochait quelques impasses. Je révisai les leçons du trimestre avec une telle ardeur que mon commerce en souffrit momentanément.

Il n'y eut ni incident, ni accident. Au retour des vacances, le 3 janvier 1921, je m'assis parmi mes nouveaux camarades de troisième : Pandelé, à l'onction sacristine et à l'obstination indomptable ; Lazuech, au regard clair et droit ; Lamothe, au museau de limace toujours sale, mais concurrent redoutable ; Maupomé, souffreteux et timide, dont le nom alimenta des plaisanteries sans nombre et qui devait mourir dans un accident de la route ; Vergoignan, le nain, âme simple et pure dans un corps difforme. On l'avait accepté par charité. On le brimait par instinct d'agression et de mépris, attribut des médiocres. Nous étions vingt-huit. Décimés en route, nous fûmes réduits à dix-huit en première. Le collège ne présenta officiellement que neuf candidats au baccalauréat. Sur neuf admissibles, huit survécurent aux épreuves d'oral.

En grec et en français, je conservai la première place. En latin, je me rangeai parmi les cinq premiers. En géométrie et en allemand, je fus dernier avec les notes respectives de zéro et un. En histoire, je m'assurai péniblement la moyenne. En géographie, je me retrouvai avant-dernier. C'était le désastre.

À ma première sortie, je me munis d'une lampe électrique, instrument rudimentaire à l'époque. Tous les soirs j'emportais un livre de classe au dortoir. Enfoncé dans mon sac de couchage, la tête sous les draps, j'étudiais jusqu'à ce que le sommeil me terrassât. J'essayais de comprendre les théorèmes de géométrie plane que mes camarades fréquentaient depuis la quatrième. Je ne parvenais pas à les assimiler. La logique des démonstrations m'échappait. Je m'obligeais à me les réciter à voix basse. J'appliquai la même obstination à la géographie, à la grammaire allemande, au vocabulaire.

Je donnais l'exemple d'une conduite irréprochable. L'hiver était exceptionnellement rude. La neige persista plus de deux mois. Mes meilleurs copains, Roquejoffre et d'autres, cumulaient les punitions, copiaient des leçons ou des vers latins pendant les récréations, dehors, sur la murette. Leurs mains gonflées d'engelures n'étaient plus qu'une plaie sanguinolente. Le travail et le souci préservaient les miennes. Ma seule infraction, permanente, était la pratique du commerce, que j'avais rouvert dès la rentrée. Il était florissant. Aussi, assez souvent, sous un prétexte futile ou fallacieux, j'achetais une tablette de chocolat Poulain à la boutique des religieuses. Elle coûtait vingt sous. Ma fortune supportait aisément ces dépenses. Je croquais la tablette dans les deux heures d'étude.

Cependant, vers la fin mars, mes yeux commencèrent à brûler, à rougir, à se brouiller. Les lettres sautillaient dans le brouillard. Elles gigotaient dans tous les sens, se chevauchaient, se mêlaient à leur gré. Je frappai à la porte du Supérieur. Il me dirigea vers la consultation du Docteur Dansan, ophtalmologiste réputé. Le médecin diagnostiqua de l'astigmatisme et une irritation infectieuse. Il prescrivit des lunettes correctives. Pour combattre l'infection, il ordonna d'instiller dans chaque œil, trois fois par jour, après anesthésie locale à la cocaïne, une goutte de bleu de méthylène. Il me remit enfin une lettre pour le chanoine Sarran. Lecture faite, le Supérieur me notifia que je devais m'abstenir de lire, d'écrire, de tout effort d'accommodation pendant au moins trois mois ;

qu'en conséquence je resterais à la maison jusqu'à la rentrée d'octobre. Je demandai par télégramme à mon père de venir me chercher à Fleurance le lendemain. Et c'est ainsi, après un trimestre de quatrième et un trimestre de troisième, que j'accordai à mes livres un repos de six mois. La mésaventure me coûtait trente-cinq francs. Il m'en restait une centaine.

Depuis plus d'un an et demi mes parents avaient emménagé à la métairie de Péros, dans la commune de Marignac. Cette ferme, aujourd'hui démolie, m'a laissé des souvenirs contrastés. En comparaison d'Encrabère, le changement était heureux. Les prés le long de la Baïsole lui donnaient un faux air de Fonté. La maison était habitable. Ma grand-mère, mon frère et moi nous avions hérité de la chambre tapissée. J'aurais pu vaincre mes préventions et m'y plaire. Du reste, aux vacances de Noël 1919, j'avais eu l'impression de m'y adapter. Suivi de la Bichéto et de mon frère qui, du haut de ses six ans, entendait n'être pas distingué des hommes, j'avais coupé du bois et noué des fagots avec mon père. Matin et soir j'avais aidé à l'entretien des dix ou douze bêtes dont le patron avait meublé l'étable à mi-fruit. Pendant les deux semaines de Pâques, en 1920, j'avais participé aux sarclages, aux labours et aux semailles de printemps. L'été n'avait pas tenu les promesses dont je l'avais naïvement crédité. Nous avions moissonné à Encrabère. La seule perspective de revenir dans cette triste savane avait gâché mon plaisir de monter et de conduire la lieuse. Transporter la gerbe à notre nouveau domicile m'avait paru fastidieux. Il fallait charger les charrettes légèrement pour que leur poids n'excédât pas les forces des bêtes grimpant à pic vers le chemin de Pessoulens, puis descendant non moins à pic vers la métairie de Péros. La déconvenue profonde venait de ces gerbes disparates et truffées de chardons. L'impression d'appauvrissement, de chute irrémédiable comprimait ma poitrine.

La ferme de Péros révéla son vrai visage. La terre était lourde et argileuse dans les parties plates, friable et maigre au flanc des coteaux abrupts. La fertilité des prés n'était qu'illusion. Ravinés par les eaux en temps de crues, ils n'en étaient pas enrichis. Le regain, presque partout, poussait rare et court.

Au mois d'octobre 1920, je rejoignis le collège fort inquiet de savoir mon père condamné à un si décevant chantier. Ses desseins initiaux étaient compromis. Comment transformer en pâturages des guérets beaucoup trop secs ? À quoi d'ailleurs aurait abouti l'opération ? Six hectares de pré, même de mauvaise qualité, suffisaient à nourrir une douzaine de bovins et un cheval. Le patron avait indiqué sans ambages qu'il ne consentirait pas des investissements supérieurs. Quant à nous, les économies d'antan s'étaient évaporées. Il fallait vivre au jour le jour des revenus que produisait la vente de volailles, de quelques veaux, de quelques graines fourragères. Mon père, en se privant de tout, de vêtements, de chaussures et de tabac, payait régulièrement la pension.

C'est dire que mon rapide passage de quatrième en troisième combla mes vœux. Un an de gagné, pensais-je. L'interruption imposée par la maladie me fut très douloureuse. Je traversai une période d'abattement proche du désespoir. L'idée m'obsédait que je ne remonterais pas. La médication et le travail me secoururent. La médication d'abord. Trois fois par jour ma mère introduisait dans mes yeux deux gouttes de cocaïne et une goutte de bleu de méthylène. Sitôt que la drogue s'étalait sous ma paupière, une intolérable brûlure me précipitait dehors. Je descendais à fond de train vers les prés ; je remontais de toute la vitesse de mes jambes. Si une course n'apaisait pas la souffrance, je recommençais, jusqu'à ce que la fatigue en ait eu raison. La crainte du supplice, la lutte qu'il m'imposait contribuèrent à me détourner des réflexions moroses.

Le travail aussi. Dans l'intervalle des soins, je repris l'existence de l'ouvrier agricole. Avec mon père, nous attaquions la besogne dès que la pâleur de la nuit annonçait la prochaine apparition de la lumière. J'étais plus robuste que les enfants de mon âge. Labourer, faucher, faner, engranger les fourrages, moissonner, répandre le fumier, vendanger, ramasser pommes de terre et maïs, vaquer au bétail ne concédaient pas une minute à l'angoisse. Au contact de ces tâches pressantes, envahissantes ; aux prises avec un sol hostile que, jour après jour, nous dominions, j'appris, sans aucunement l'analyser, la souveraine vertu de la lutte et de la persévérance. Je me répétais une des nombreuses maximes dont nos maîtres nous commandaient d'orner nos cahiers : *Labor omnia vincit improbus.* Peut-être de telles expériences et de pareilles maximes, vécues intégralement, sans nuance ni critique, ajoutées à l'exemple de mon père, expliquent-elles en partie la foi naïve que je garde en l'efficacité exclusive et absolue du travail. Toujours est-il qu'il réussit alors à me sauver de moi-même. Durant cet été 1920, mon père m'écarta seulement des battages. C'est lui qui « suivit la machine », comme on disait. Mais il me promit que l'année suivante je le remplacerais.

À la rentrée, mes yeux étaient manifestement guéris. On ne m'acheta pas les lunettes. Pendant mes longues vacances je n'en avais pas éprouvé le besoin. Si un jour elles s'avéraient nécessaires, on aviserait. Je serais reparti plein d'enthousiasme si le sort de la maison n'avait pas ravivé mes soucis. Dans le mois de septembre j'avais aidé mon père à conduire jusqu'à la route de Beaumont un bœuf pitoyable, d'une maigreur squelettique. Ses pattes s'entrechoquaient comme des lamelles de rideau sous le vent. Il était atteint de tuberculose. Il avait dépéri en quelques semaines. Je savais que la contagion ne pardonnait pas. Mon père aussi le savait. Jamais il n'accepta d'en parler.

Certes, en aucune occasion il ne s'est plaint. Sentant rôder la mort, en décembre 1946, il se contenta de murmurer après notre départ : « Je ne les reverrai plus ». La veille du matin de mars où il nous quitta, à l'heure où, en cette saison, il se rendait aux champs, il confia sereinement à ma belle-sœur : « Je ne finirai pas de sarcler les fèves. » Mais cette réserve pudique, cette discrétion intrépide ne sauraient ni expliquer, ni justifier l'inertie professionnelle où il s'enlisa à Marignac et dont il ne devait plus se dépêtrer. Une distance radicale sépare mon père tel que je le connus à Fonté de ce qu'il fut chez Péros. Vieillissement prématuré à la suite de la guerre ? Résignation désespérée ? Soumission aveugle à des influences délétères et corrosives ? Les risques d'erreur entachent toute hypothèse d'impiété. Le fait est que sa passivité, qui aggravait inutilement sa peine, pesa très lourd sur mon âme d'adolescent.

Pour que la vie continue, il faut qu'un clou chasse l'autre. La rentrée voila d'oubli la métairie de Péros. J'entrai en seconde. La routine des passages l'imposait. De mon côté, inconscient et présomptueux comme on l'est à quinze ans, j'étais persuadé que je n'allais faire qu'une bouchée des matières au programme. Je m'identifiais au Roland du *Petit Roi de Galice*. Je m'apprêtais à pourfendre les montagnes. Les premiers jours m'encouragèrent. Les camarades me rendirent mon grade de chef de camp. J'allais reprendre mon activité commerciale, amasser un peu d'argent pour acheter des livres, payer le train, boire une bière avec les copains de Marignac aux prochaines vacances et, tout de suite, m'offrir quelques tablettes de chocolat Poulain, plus savoureux que le Meunier, à la boutique des nonnettes…

L'euphorie fut brève. Les classes de mathématiques avaient lieu le jeudi et le samedi, je crois. Le professeur annonça : « Nous étudierons aujourd'hui la fonction homographique du second degré. » Il inscrivit au tableau : $y = ax^2 + bx + c$. Sans désemparer il entreprit de « développer la formule ». En quelques minutes le tableau se couvrit de hiéroglyphes à la mode de la kabbale. Je regardais les voisins : tous paraissaient comprendre, même Vergoignan. Mon assurance initiale ne tarda pas à s'effondrer. À la composition de français, en latin et en grec, je rétrogradai dans la deuxième moitié de la promotion. En histoire, j'étais encore loin du premier. En géographie et en allemand je fus dernier, comme de juste, et en mathématiques je remis copie blanche. Le professeur me tança sévèrement. Ces résultats méritaient réflexion. Je calculai que, si je ne perdais pas une seconde en étude, si je parvenais à me débarrasser assez vite des devoirs dans les disciplines littéraires, je disposerais du temps nécessaire pour des exercices qui me remonteraient en latin et en grec. En français, il me suffirait de fouiller davantage les modestes dissertations qu'on nous proposait, et de lire. Mais lire quoi ? J'achetai l'histoire de la littérature de Gustave Lanson, à tout hasard. Elle me fut d'un secours immense.

Restaient les mathématiques. Si l'algèbre était un rébus, la géométrie dans l'espace déployait une cruauté raffinée. Alignant des mots et des dessins d'apparence intelligibles, elle se dérobait comme une anguille quand je tentais de l'appréhender. Je m'en ouvris à M. Déauze. Il me reçut du haut de son air condescendant. D'une parfaite éducation, il était aimable à sa manière. « Je vous attendais, me dit-il. Racontez-moi les raisons de votre longue absence, et pourquoi vous vous êtes désintéressé de vos études au point de tomber où vous êtes. » Je m'expliquai. Je ne lui cachai pas que j'étais découragé. Je lui demandai s'il ne serait pas préférable de suivre le cycle d'une troisième complète. Il me réconforta de son autorité virile. Il me garantit que, si je me montrais docile à ses conseils, je sortirais d'embarras. « De toute façon, ajouta-t-il, nous n'arrêterons aucune décision avant la fin du trimestre. Ou vous aurez progressé, et vous continuerez ; ou vous n'aurez pas avancé, et vous serez rétrogradé. » Deux heures durant il posa des définitions, élucida des postulats, explicita les méthodes de raisonnement. Il me confia deux manuels. Dans l'un étaient consignés les rudiments de la géométrie, les axiomes et les théorèmes de base. L'autre traitait d'algèbre dans le même esprit de simplicité lumineuse. Aucun n'était signé. Le professeur Delteil, de Toulouse, ne me révéla que beaucoup plus tard que M. Déauze était l'auteur de ces merveilles ; qu'il en avait fait imprimer quelques exemplaires à ses frais ; qu'il s'était refusé à les commercialiser. « Tâchez, me dit M. Déauze, d'assimiler une leçon par jour. Si vous butez, n'hésitez pas à me mettre à contribution. »

Je m'aperçus que mes prévisions étaient trop optimistes. Le temps libre dont je pouvais disposer me permettait à peine d'étudier une rubrique de chaque manuel par jour, en essayant de la comprendre. Après beaucoup de tergiversations j'achetai une nouvelle lampe électrique et je repris mon activité nocturne. Les yeux, tant bien que mal, résistèrent. Mais le froid me contraria. Il fut peut-être plus incisif que l'hiver précédent. Le thermomètre descendit à -12 et -15. Mon frère s'en souvient. Il choisit cette saison pour me rendre visite en compagnie de mon père et de ma grand-mère. Dans la vallée de l'Arratz, au bas de Tournecoupe, ses pieds et ses mains gelaient. Il gémissait. « Patiente ! lui murmurait mon père. L'Arratz franchi, le froid sera moins vif. » À dater de ce jour, chaque fois qu'on lui proposait de se déplacer en char à banc, il demandait, anxieux et réticent : « Il n'y aura pas de Ratz ? »

La Maignette, rognant sur les économies que lui procuraient la vente d'une glousse, celle d'une lapine, celle d'œufs d'oie ou de cane à couver, m'avait nanti d'un pardessus doublé de laine épaisse. Il lui avait coûté soixante-dix francs, presque le prix d'un veau. Je l'étendais le soir sur le lit en guise de couverture supplémentaire. Sitôt la lumière du surveillant éteinte, je l'endossais afin de protéger mes épaules. Très rapidement il s'effilocha et se transforma en tas de chiffons. Je le ramenai à la maison aux vacances de Pâques dans l'espoir inepte de le faire réparer. Quand elle vit cette harde ignoble, la Maignette pleura.

Je me pelotonnai au fond du sac de couchage et je continuai. Le jour, mes sabots garnis de paille, mes chaussons fourrés, deux tricots sous le tablier de satinette me préservaient. Surtout, l'espérance à nouveau me réchauffait. Dans les disciplines littéraires, les progrès étaient patents. À la fin de l'année, je remportai le premier prix de version grecque. Je récoltai quelques accessits. En mathématiques, je n'avais guère importuné M. Déauze. J'atteignis pourtant la moyenne aux dernières compositions.

Mais le conflit avec l'administration, latent, avait tendance à se rallumer. Je ne saurais en fournir des raisons précises, autres qu'une incompatibilité d'humeur entre les surveillants et moi, entre le père spirituel et moi surtout. Sa mièvrerie onctueuse et papelarde m'exaspérait. Son favoritisme cynique me révoltait. Un soir il nous raconta une histoire extravagante pour nous dissuader de fumer. Moi, qui avais envie d'imiter mon père, je profitai du mercredi suivant pour acheter un paquet de cigarettes. Au risque de m'arracher poumons et estomac, j'en fumai quatre coup sur coup. L'abbé Lacoste m'appela au perchoir pour me poser je ne sais quelle question oiseuse. « Vous, tonna-t-il, vous avez fumé ! » Je ne niai pas. « C'est bon. Vous fermerez pendant quinze jours les fenêtres du grand dortoir à quatre heures. »

Un camarade prenait pour moi le pain dans la corbeille du concierge. Je me glissais dans la serre à provisions et je faisais le meilleur repas de la journée. Précisément ma grand-mère m'avait gratifié de plusieurs douzaines de crêpes. Mon commerce avait grandi. Aux chapelets et autres menues fournitures j'avais adjoint les stylos. Je les achetais 7,5 F chez le franc-maçon et je les revendais 20 F. Les millionnaires, qui recevaient au moins cent francs par mois d'argent de poche – les Charles, les Boudouresques, les Ratier – se les disputaient. Malmenés, ils devaient être changés souvent. J'avais de quoi satisfaire mon appétit et ma gourmandise. Avait-il quelque soupçon ? Un soir que je me dirigeais vers la serre, la corvée de fenêtres terminée, l'abbé Lacoste croisait autour du bâtiment. De là il surveillait la boutique des religieuses. Je dus manger mon pain sec. Le lendemain je remontai au dortoir. Je saisis la première ficelle. Je balançai la fenêtre à toute volée, le nez en l'air pour contempler l'effet. Un carreau brisé se détacha. Ses éclats me tranchèrent le bout du menton. On m'expédia chez le médecin, saignant en abondance. Le docteur Lestrade, chirurgien comme on l'était sans doute au temps de Molière, recolla la chair pendante avec quatre agrafes.

Parmi mes camarades, beaucoup me détestaient, surtout à cause des privilèges attachés à mon titre de chef de camp. Un énorme pansement sous le menton, je jouais aux barres, comme il était de coutume à peu près constante pendant les récréations d'une heure. Un gringalet morveux, appelé Martin, s'approche de moi, un sourire niais aux lèvres, et décoche un coup de poing sur ma plaie. Je bondis. Il fuit et s'enferme dans les cabinets. J'escalade la porte basse. Je tombe sur lui. Je l'assomme. Ses cris d'orfraie attirent Lacoste. Perdant le sang par la bouche, roulé comme un hérisson, Martin était pitoyable. « Demain, fulmine Lacoste, vous faites vos valises et vous filez ! » En étude il m'assigna une place isolée, sous son perchoir. J'étais trop indigné, trop endolori pour réfléchir. Je tremblais de colère et de rage impuissante. Après le dîner, il m'interpella : « Chez M. le Supérieur, tout de suite ! », aboya-t-il. Je me rendis dans l'antre obscur. Le Supérieur était assis derrière son bureau. On n'apercevait que ses cheveux blancs taillés en brosse. Il leva la tête, me regarda un instant de son air de sphinx intelligent qui porterait lorgnon, puis éclata d'un rire énorme en se renversant contre le dossier du fauteuil. Ses bajoues et son ventre tressautaient de conserve. Son premier mot fut une formule que je devais entendre bien des fois : « Qu'il est bête, le type ! ». Se reprenant, il m'adressa, de sa voix chaude et combien affectueuse, une longue mercuriale. Il opposa, diptyque saisissant, l'effort que je réussissais en classe à ma conduite de sauvage. L'émotion me gagnait. Je jurai de m'amender. Serment d'ivrogne… « Allez, conclut-il, et dormez en paix. » Pour rien au monde je n'aurais voulu le décevoir. Je lui offris néanmoins maintes occasions d'intervenir et de calmer…

Ma blessure ne guérissait pas. Mon visage se tuméfiait. La fièvre commençait à poindre, des frissons me secouaient. Les mâchoires paralysées ne s'ouvraient plus à la nourriture. Je ne parlais qu'au prix d'une souffrance. On me renvoya chez le médecin. Le Dr Lestrade arracha le pansement. Avec une pince il fit sauter les agrafes. Il coupa la chair morte d'un coup de bistouri et la jeta dans une corbeille. Il imbiba de teinture d'iode une poignée de coton et nettoya la plaie purulente comme on frotte les vitres. Je m'affaissai. Il me donna quelques claques et me fit boire un petit verre d'Armagnac. L'alcool me rendit les sens et les esprits. Je rentrai au collège, la figure en bois. Assez vite la cicatrisation gagna du terrain. L'enflure diminua, puis disparut.

Les vacances approchaient. Après avoir satisfait aux examens trimestriels, je m'acheminai vers la maison. Un chagrin m'y attendait. La Bichéto, qui tous les soirs se couchait en travers du passage que j'empruntais pour m'en aller et pour revenir, était morte un matin, au retour de ses vains aguets. Ma peine fut vive, profonde, durable, pimentée de remords. Je garde, tapi dans ma mémoire, le souvenir de son regard mobile et humainement expressif, de ses gambades, des dialogues que nous avons entretenus. Car nous conversions, la Bichéto et moi…

L'heure n'autorisait pas le recueillement. À l'aube du lendemain j'entrepris de monter la lieuse. Sous le hangar nichait un vol de pigeons. Au lever du jour ils chantaient. Je les entends encore quand je le souhaite. Il ne faut pas confondre les roucoulements individuels avec le concert collectif, symphonie polyphonique où les accords ascendants et descendants se mêlent comme ceux d'un orchestre surnaturel qui intégrerait Mozart et Wagner sur une trame grégorienne. Les profanes croient que leur musique se réduit à trois notes monotones, éternellement répétées. Quelle erreur ! Écoutez-les attentivement ! Vous entendrez les arpèges, les gammes, les harmonies, les correspondances, le jeu subtil des tons qui sautent d'une clé à l'autre en demeurant liés. Le chant des pigeons, c'est le chant de l'orgue, profond et léger, ample comme le souffle du monde, heurté comme nos peines et nos joies, aspirant la lumière et bayant au soleil. Été après été, il a bercé ma jeunesse de ses rêves et de ses évasions, de son rythme actif et paresseux. Pendant que je rédige ce récit, il arrive que les pigeons chantent au clocher de Tunis. Je m'interromps alors, et le passé défile, non point sur l'écran refroidi de la mémoire abstraite, mais sur le pavé sensible de mon cœur. Aucune technique ne sera capable d'enrichir et d'exalter l'être comme les extraordinaires trouvailles de la nature, qui expriment la réalité vibrante de la communion universelle.

Aussi travaillais-je dans une sorte d'exultation. La grande roue se plantait au sol ; le châssis se levait ; les roues de support tombaient toutes seules ; le timon s'encastrait dans ses encoches, les toiles s'enroulaient autour des cylindres. Je fixais la ficelle au lieur ; je procédais au graissage général. Dès six heures nous étions prêts. Nous démarrions vers sept heures. Une entente avec deux voisins, dont nous moissonnions la récolte, nous assurait le complément d'attelage et un guide qui assujettissait les animaux de tête à l'itinéraire. Nous pouvions ainsi faucher sans discontinuer, tout en ménageant aux bêtes les repos indispensables. J'avais pris possession de la machine. Jusqu'au crépuscule son aigre crépitement taraudait mes oreilles. La poussière irisée de soleil m'enveloppait de sa vapeur importune. Des incidents parfois nous arrêtaient : la lame engorgée, le lieur déréglé, une toile en déséquilibre. J'avais acquis une parfaite connaissance des mécanismes. Jamais une panne sèche ne m'a immobilisé.

À compter du second jour, chaque matin, il fallait empiler les gerbes tombées la veille et percer les trouées autour des champs que nous moissonnerions dans la journée. Nous commencions au déclin de la nuit. Un matin, je crus entendre du bruit dans la cuisine. Je sautai du lit et enfilai mon pantalon. La cuisine était vide. Je me précipitai à la porte. Mon père partait, la faux emmanchée d'un râteau sur l'épaule. Il allait couper un champ aux frontières tordues où la lieuse ne pouvait pas aisément manœuvrer. Je m'armai de ma faux et le suivis. L'aube était loin. Quand nous revînmes, le voisin, Aubin Dieuzaide, qui faisait profession de se lever de bonne heure, nous héla, jaloux : « Vous ne vous êtes pas couchés depuis hier, vous autres ! » lança-t-il.

La moisson durait une quinzaine de jours. On récoltait ensuite les secondes coupes de fourrage. On les logeait dans la grange, où l'on se déplaçait courbé en deux ou à genoux. La poussière et la chaleur étouffaient le malheureux manutentionnaire. Depuis la charrette, mon père faisait passer les herbes par l'ouverture, et je les disposais à l'intérieur. Je préférais lui épargner la plus rude tâche. C'est à lui qu'allait en premier lieu ma compassion. Recru de fatigue, il entamait au crépuscule, avec les soins aux bêtes, leur nourriture, la préparation des aliments tels que betteraves ou maïs vert selon les saisons et le nettoyage des étables, une seconde journée de travail. Mais j'étais également très sensible aux fatigues de la Maignette que je voyais, sous les feux de midi, revenir de la source, distante d'environ huit cents mètres, deux seaux d'eau fraîche coincés contre un cerceau entourant ses jambes. En les regardant l'un et l'autre, humbles bagnards qui se renonçaient pour que la maisonnée subsistât, je me suis souvent et solennellement promis que je ne négligerais aucun effort pour que mes successeurs ne soient pas aussi malheureux que mes anciens. J'ai été, sans le moindre bénéfice pour quiconque, victime de ces promesses inconsidérées, qui ont tracé ma ligne de conduite pendant les trois ou quatre décennies fécondes en l'espace d'une vie humaine. Elles m'ont embarqué dans une agitation politicienne qui a usé, rongé, englouti en pure perte les meilleures années de mon existence.

Mais il n'était pas encore en mon pouvoir d'élaborer des prévisions à si long terme. On ne discerne guère l'avenir que lorsque, ayant changé de signe, il est devenu du passé. D'autre part, sur des sujets de l'espèce, je ne raisonnais pas. Une force intérieure me poussait en avant. J'appliquais le peu de bon sens ou d'intelligence que j'ai reçu en partage non point à disséquer et juger les mobiles initiaux, les buts et les moyens correspondants, mais à chercher les voies qui me conduiraient à un objectif préconçu et immuable, fatalement accessible en vertu d'un postulat respecté à l'égal d'un dogme. Si je cède à la digression ici, c'est parce que je voudrais que le lecteur éventuel comprenne que je suis pétri de mon enfance. Je ne crois pas en avoir été la sécrétion. Mais je pense que mes choix, qui me semblaient avoir été prononcés en toute liberté, je les ai pour la plupart arrêtés par référence à des critères fondés sur mes expériences d'enfant.

Pour faire la gerbière, nous nous réunissions entre voisins, entre camarades. J'étais chargeur, c'est-à-dire que je disposais les gerbes, selon des règles précises et minutieuses, sur les charrettes, de façon que le voyage arrive à bon port. Les épines piquaient les pieds à travers les sandales, mordaient les jambes et le corps lorsque la gerbe frappait le chargeur au lieu de tomber sur le tas. Quand le chargement était complet, on l'amenait près de la meule que les spécialistes construisaient avec art et amour. Ils lui donnaient d'abord du « ventre », puis ils réduisaient les dimensions latérales et l'affinaient jusqu'à ce qu'elle prît la forme d'une cime aiguë que l'on appelait le « chapeau ».

Les dépiquages étaient une fête. Ils se prolongeaient un mois au moins, parce qu'il fallait une trentaine d'hommes pour servir la batteuse. On s'entraidait, de maison en maison. Vers quatre heures du matin, le chauffeur de la locomobile sifflait longuement : coups brefs d'abord, appel continu ensuite. Les gens s'assemblaient. On commençait toujours avant cinq heures. Le plus souvent j'étais posté sur le batteur, chargé de couper les ficelles qui liaient les gerbes. On les conservait pour fabriquer des cordes et des câbles. Il fallait donc trancher au plus près du nœud, afin de réduire les déchets. Mes performances étaient assez honorables pour qu'on m'invitât à les renouveler. Plus âgé, j'alternai : tantôt je coupais les liens, tantôt je charriais des sacs de la batteuse au grenier. Là, nous nous livrions à des compétitions musculaires. C'était à qui hisserait, sans aide aucune, le sac de 80 kg sur son épaule. En 1926, j'avais réalisé cet exploit une semaine entière. Nous décidâmes alors de charger les sacs par équipes de quatre. La première expérience m'infligea un tour de reins qui me cloua un mois au lit ! Comme quoi il n'est pas toujours profitable d'alléger sa tâche…

La chaleur et la poussière étaient de fâcheux compagnons. Un jour où j'avais coupé les liens sans désemparer depuis le matin, à l'intérieur d'un quadrilatère bouché de tous les côtés, un nuage de blé charbonneux bloquait mes bronches et mes poumons. J'eus l'idée saugrenue de les laver. J'aspirai à plein nez et à pleine bouche l'eau fraîche d'une source. Je faillis mourir asphyxié.

Nous menions joyeuse vie, en dépit des inconvénients mineurs. Deux ou trois bateleurs nous régalaient de contes, de bons mots et de chansons. Je riais à perdre haleine de leurs sottises. La nuit venue, après le dîner, ritournelles, danses et farces nous retenaient jusqu'à une heure avancée. Quelquefois nous négligions de nous coucher. Nous nous transportions en chœur chez le voisin dont le tour suivait pour y réclamer du café, de la niôle, troubler les cuisines et la maison tout entière d'un chahut immodéré. Car nous étions une bande de copains inséparables. Je fus presque toujours le plus jeune. Mais comme je ne faiblissais ni ne rechignais au travail, les autres m'acceptaient volontiers dans leur groupe.

Le menu était toujours identique, sauf très rares fantaisies : bouillon, bouilli, poulets rôtis et salade. À la vérité nous ne nous en lassions pas. La dépense d'énergie aiguisait notre appétit. L'animation communautaire le soutenait. Les convives, hirsutes, mal rasés, ruisselants de sueur et tapissés de poussière, le verbe haut et gras, n'étaient pas raffinés. Gros mangeurs, gros buveurs, ils vivaient de leurs muscles, doués d'une force tellurique dont la brutalité ne manquait pas de caractère. Quand la campagne s'achevait, elle me laissait un arrière-goût de mélancolie.

On s'occupait alors au fumier, qu'il fallait charger, transporter et répandre, puis aux labours. De l'aurore au crépuscule, on tenait les doigts crispés autour du manche de la charrue, dont on contrôlait sans trêve la direction et la profondeur. Avec deux paires de vaches, on en passait, des heures et des heures, à labourer un hectare ! À la fin de la journée, je présidais aux pacages. Quand je rentrais, la nuit tombée, la campagne bruissait d'appels aux oies, aux canards, aux dindons, priés de rejoindre leur demeure.

La récolte du maïs ouvrait la saison des soirées trépidantes, qui se terminaient par un réveillon, des chants et des danses. Les vendanges fournissaient un nouveau prétexte de se réunir. Je portais les paniers des vendangeurs aux comportes. Si le terrain était mouillé, la terre collait aux sabots qu'il fallait arracher du sol. Le soir on foulait le raisin avec les pieds avant de le vider dans la cuve. Puis on dînait d'une soupe, de pommes de terre en ragoût et, luxe suprême, de poulets ou de veau rôtis. À dix-neuf ans, je participai aussi aux vendanges chez mes futurs beaux-parents. Elles s'étalaient sur quatre jours. Ma fiancée, Hélène, les détestait. Je m'y trouvais particulièrement à l'aise. Les gais lurons y côtoyaient des innocents qu'ils transformaient en partenaires comiques. Une année, j'amenai mon frère. L'oncle d'Hélène, Édouard Palazot, doué d'une singulière faculté d'amuseur, se surpassa en imaginant une expédition au pôle nord. Il partirait, avec un simplet du nom de Bélet, sur un traîneau attelé de sept ou huit mille cochons. Quand ils auraient faim, ils en tueraient un. Plus la proposition était farfelue, plus enthousiaste était l'acquiescement de Bélet. « Malheureusement, dit Édouard d'un ton navré, nous risquons de rencontrer le requin. – Je le connais, moi, le requin ! s'exclama Bélet, qui confondait le cétacé avec les anguilles de la Gimone. D'un coup de fourche, je l'étripe ! » Mon frère fut malade de rire.

Ainsi les travaux des champs se déroulaient tantôt sur un mode joyeux, tantôt sur la note sévère. Après les vendanges, ou juste avant, selon le climat, on semait les avoines. C'était la saison où les brumes se levaient. Des gelées blanches raidissaient les plantes. Et la rentrée me ramenait au collège. De 1922 à 1927, mes vacances épousèrent la terre, fidèlement.

Pour n'y point revenir, je relaterai tout de suite les faits saillants qui distinguèrent celles de 1923 et 1924. La tuberculose, ces années-là, ravagea l'étable. En 1924, il ne restait plus que trois ou quatre bêtes. Le patron se résolut enfin à désinfecter. Mon père repeupla médiocrement. Jusqu'en 1934, où mes parents achetèrent une insignifiante métairie proche, la perte constante ne cessa d'amoindrir les revenus familiaux. Il fallut la compenser par les céréales, que le sol ne favorisait guère, et dont on ne pouvait espérer un rapport convenable qu'au prix d'un labeur surhumain. Afin de contribuer aux charges, dès 1922, j'inaugurai un commerce de bestiaux. Il prospéra rapidement. Péros finançait les opérations. En sa compagnie, je traquais et choisissais la marchandise. Chaque dimanche nous prospections les étables d'alentour. Nous achetions des taureaux de préférence, mais aussi des taurillons et des vêles. Le lundi soir ou le mardi matin, nous les rassemblions pour les vendre au marché de Solomiac le mardi. Nous partagions les bénéfices. Au cours des premières vacances où je m'adonnai à ce trafic, il me rapporta mille francs. Je fus ainsi en mesure de régler ma pension. La deuxième campagne me rapporta quatre mille francs. La troisième, plus molle et plus brève, ne me laissa que deux mille francs environ. Par la suite, ayant accédé au rang de fonctionnaire, j'abandonnai le commerce, devenu d'ailleurs beaucoup moins rentable pour des raisons économiques diverses, mais à effets dépressifs convergents.

Pendant huit années consécutives, j'ai mené ainsi de front une existence de paysan et de collégien ou d'étudiant surveillant, à moins que ce ne fût l'inverse... L'étude imposait une immobilité relative, qui accumulait dans le corps l'impatience d'agir. En jachère l'été, l'esprit avait faim l'hiver des nourritures livresques.

J'abordai donc en état de parfaite disponibilité la classe de première, fertile en succès et en rébellions. Je me sentis immédiatement de plain-pied. Le Supérieur nous enseignait lui-même le français, le grec et le latin. Il nous convoquait dix minutes avant huit heures pour nous faire réciter, en rafale, cinq verbes irréguliers grecs. Une hésitation, un arrêt entre deux formes, et le verdict tombait : « Dix fois à copier. » Je ne me souviens pas d'avoir compté parmi les condamnés. Tous les jours, à l'étude du matin, entre dix heures et demie et midi, nous devions traduire soit une version, soit un thème, à remettre au surveillant avant le déjeuner, sans préjudice de deux préparations au moins dans la journée. La dissertation française était hebdomadaire. Les classes débutaient par une interrogation de grammaire, d'histoire littéraire ou une récitation. Un texte appris par cœur, nous répétait M. Sarran, est un $\kappa\tau\tilde{\eta}\mu\alpha$ $\epsilon\grave{\iota}\varsigma$ $\grave{\alpha}\epsilon\acute{\iota}$, c'est-à-dire une acquisition définitive. Un devoir d'allemand et deux devoirs de mathématiques par semaine complétaient le menu.

Il ne m'encombrait pas. Sur quarante heures d'étude, j'en consacrais environ six à la documentation préalable et à la dissertation française, une demi-heure à chaque version ou thème, quatre heures aux mathématiques, une au devoir d'allemand, cinq aux préparations et deux aux leçons. La moitié du temps au moins était libre. Je lus, sans plan ni ordre, tout ce que je parvins à me procurer en ouvrages complets, extraits ou morceaux choisis, depuis la *Chanson de Roland* jusqu'à Balzac. Je découvris les Fabliaux, le *Roman de Renard*, le *Roman de la Rose*, Chrétien de Troyes, Villon, Rutebeuf, Ronsard, Jean Bodin, Montaigne, Saint François de Sales, le cardinal de Bérulle, et Pascal, dont l'effrayant génie déchaînait mon enthousiasme fervent. Même si ne circulait entre le livre et moi aucune sympathie, je ne pratiquais ni coupure, ni amputation. Les épistoliers et mémorialistes n'échauffaient pas mon imagination, n'excitaient pas mon esprit. Il leur arrivait de piquer ma curiosité par des notations prises sur le vif, des croquis de personnages, des anecdotes et des commérages. Je prisais aussi peu leurs dissertations massives que leurs subtilités et leurs clins d'œil. À vrai dire, leur apprêt m'ennuyait. Seuls Rousseau et Voltaire emportaient mon assentiment. La lettre au comte de Lastic, j'aurais voulu l'avoir écrite au vieux Faubin. Les billets de Voltaire me ravissaient.. Ils me faisaient rire. Il m'était agréable que les deux philosophes se querellent car, si je cédais au charme de leur art, je condamnais leurs thèses. En se démolissant mutuellement, ils me fortifiaient dans la conviction qu'ils avaient tort l'un et l'autre. J'étais certain qu'il fallait dépasser l'état de nature au lieu de le restaurer. J'étais plus sûr encore qu'il ne suffisait pas de moquer Rousseau pour le réfuter, que le peuple n'était pas cette « canaille » vouée à l'aiguillon. Cependant les contes de Voltaire m'amusaient. J'admirais la période sonore et envoûtante de Rousseau. Je ressentais un plaisir sensuel à me réciter la prosopopée de Fabricius.

Je ne fus pas surpris d'apprendre que l'on surnommait Chateaubriand « l'enchanteur ». *Atala*, *Le dernier Abencerage*, *Les Mémoires d'Outre- Tombe* déclenchaient un rêve très beau, vaporeux, flou, quelquefois chargé d'orage, le plus souvent clair comme une goutte de rosée sur l'herbe par un matin brumeux. De Hugo, j'aimais *La Légende des Siècles*, *Le Petit Roi de Galice*, le combat de Roland et

d'Olivier ; j'aimais le courage qui donne au cheval de Roland

> *... l'habitude étrange et ridicule*
> *De ne pas obéir quand je veux qu'il recule.*

et tous ces héros que les vers d'airain sculptent aux parois de la conscience. Je connaissais tellement Napoléon,
maître du monde, l'invincible capitaine, que je refusais de
l'impliquer dans la retraite de Russie et dans la bataille de
Waterloo. Je ne supportais pas qu'il dût céder à Dieu la
construction de l'avenir, et bien moins encore que, dans
sa captivité à Sainte-Hélène, seuls appartiennent encore

> *... à ce vainqueur*
> *Le portrait d'un enfant et la carte du monde,*
> *Tout son génie et tout son cœur.*

Je ne parcourus qu'une fois ces tristes épisodes.
Quand j'en apercevais les titres, je tournais les pages en
fermant les yeux.

Sauf le respect que je dois à ces grands hommes, les
poèmes de Lamartine et de Musset campaient instanta-
nément le père spirituel, sa bedaine, ses joues roses, ses
lèvres humides… Les invocations larmoyantes au Lac ou
à la Muse hérissaient mes nerfs. Je ne poursuivais la lecture que lorsque je n'avais rien d'autre à me mettre sous
la dent. À part *La mort du loup* et *Servitude et grandeur mili-
taires*, l'éloquence de Vigny, rimée ou non, m'agaçait.
Celle de Bossuet, en revanche, enivrait mon oreille. Il
m'est arrivé d'être puni pour avoir débité à mi-voix quelque tirade préférée. J'aurais souhaité lire des sermons de
Lacordaire. Je n'ai pas pu en trouver. Éclectisme auda-
cieux : j'ai cherché *Les Fleurs du Mal*. Le franc-maçon
avait le recueil à la vente. Il n'a jamais accepté de me le
céder : « Les curés auraient tôt fait de te foutre à la porte,
s'ils découvraient ce bouquin dans tes cahiers. Tu liras ça
plus tard. »

Je me rabattis sur Balzac. Le Père Goriot, César Birotteau, le Cousin Pons, la Cousine Bette devinrent des interlocuteurs familiers. L'illustre Gaudissart ne déparait pas la galerie des hâbleurs qui hantaient les dépiquages. Action et décors faisaient vrai. Sans connaître les lieux ni les aires sociales où l'action se déroule, je me les représentais, et je me surprenais à croire au roman comme à un récit d'histoire authentique. Je m'amusais à coller tel ou tel nom de l'imaginaire sur les visages de Pessoulens. À Beaumont et à Saint-Clar, à Solomiac et à Auch, j'avais vu des boutiques et des taudis. Madame Gamot avait agencé un « salon » où, avec beaucoup de bonne volonté, je m'en rends compte maintenant, je situais les entretiens des gens huppés. Sans doute estimais-je que certains personnages étaient plus méchants que nature. Mais après tout, s'il y avait un vieux Faubin, pourquoi n'y aurait-il pas de franches crapules ?

Deux poètes, à mes yeux incomparables et inégalés, apaisaient toutes mes fringales : Corneille et Racine. *Athalie*, que j'ai lue et relue au point de la savoir par cœur, comblait mes attentes. Ce « chef-d'œuvre de l'esprit humain » excepté, je n'adhérais pas entièrement à Racine. L'enchantement poétique, musical, ne m'empêchait pas de dormir sur l'intrigue et les décors d'*Iphigénie*. Les autres tragédies créaient en moi un malaise, une gêne, suscitaient un réflexe de défense. Ces passions qu'on ne dominait pas, dont la mort était la seule issue et la seule guérison, me déconcertaient et m'inquiétaient. « Je me livre en aveugle au destin qui m'entraîne » me paraissait une maxime plus lâche encore que périlleuse. Je comprenais mieux la « soif de régner ». Mais je n'admettais pas que « rien ne puisse l'éteindre ». Bref, je n'étais pas dupe du poème. Je discutais et objectais bravement, sottement aussi, bien sûr. Corneille me satisfaisait. Sauf pour le Cid, que j'estimais trop vaniteux un jour, trop enjuponné le lendemain, l'encens de mon admiration brûlait pour ses héros. Et ce n'est pas une métaphore ! Horace, quel type !

Albe vous a nommé, je ne vous connais plus.

Fanatique sans doute, et jusqu'au crime. Mais Rome, la grande, la sainte, ne justifiait-elle pas le sacrifice de soi et, au besoin, des autres ? Je préférais néanmoins Curiace, aussi costaud que son futur beau-frère, mais moins brutal :

Je vous connais encore, et c'est ce qui me tue !

Il n'a peur de rien, celui-là non plus, et il reste un brave homme. Être maître de l'univers comme de soi-même parce qu'on l'a décidé, emporter Rome en Espagne dans son havresac, voilà qui vaut la peine de vivre ! Corneille appelle au dépassement dans l'ordre de l'héroïsme, de la sensibilité aussi :

Seigneur, de vos bontés il faut que je l'obtienne.
Elle a trop de vertus pour n'être pas chrétienne !

Ou encore :

Mon Polyeucte touche à son heure dernière,
Et pour cesser de vivre il n'a plus qu'un moment.

Ces duos d'amour purs et vibrants, filés sur des notes discrètes, sans le moindre éclat, d'une harmonie si pénétrante et si forte, me subjuguaient au point de chasser le souvenir de la lieuse, des chiens et des dépiquages. Un horizon incertain, mais étincelant, beaucoup plus vaste que celui de Fonté, s'étalait progressivement à mes regards étonnés. Je réagissais en enfant, plus neuf et aussi naïf que le maquignon indigné au spectacle d'*Athalie*. Je m'ébrouais ; je me délectais ; mes yeux cillaient au contact de cet univers merveilleux de l'art, comme le papillon est ébloui et attiré par une lumière vive. Derrière le voile fascinant des mots, des rythmes et des images, je cherchais à tâtons où poser ma réflexion fraîchement éclose et je l'appuyais au premier étai venu.

Je me désolais de ne pas pouvoir lire davantage les Anciens. Je m'y essayais de temps à autre, surtout la nuit, qu'éclairait ma lampe électrique. L'entraînement scolaire intensif, les traductions cursives improvisées me révélaient quelques pans du domaine secret. De Virgile, je n'aimais que la première *Bucolique* et la quatrième *Églogue*, l'une parce que les cheminées y fumaient aux alentours, l'autre parce qu'un enfant s'y apprêtait à dominer le monde. L'*Énéide*, à part quelques morceaux de bravoure où l'on voit les casques vides dans les plaines désertes que le laboureur vient de bouleverser, ou Laocoon bandant en vain ses muscles contre les serpents divins, rebutait ma confiance. Le thème en était trop évidemment conventionnel, l'artifice du récit était cousu de fil blanc.

Eschyle et Sophocle captaient mes suffrages. Grandioses ou simplement humains, dignes face aux pires malheurs, capables de résister à la fatalité, leurs héros incarnaient l'idée que je me faisais de l'homme accompli.

J'adorais Homère. Non point que je fusse aveugle à ses longueurs et à l'abus du divin. Mais je retrouvais avec délices un style et une démarche qui me ramenaient aux veillées et aux contes de mon grand-père.

Isocrate m'écrasait sans m'intéresser. Je nourrissais des préventions contre Eschine. Je lui préférais Démosthène, chez qui je ne discernais pas le remplissage bavard et facile. Je n'en retenais que la draperie sonore.

Je me plus à dépasser le programme de mathématiques. La trigonométrie surtout me séduisait. Je n'arrivais pas néanmoins à épuiser le temps disponible. Je recourus à *La Veillée des Chaumières*, reliée en forts volumes. Les romans de Zénaïde Fleuriot et d'Albert de Lamothe ont meublé de longues heures. Grâces leur soient rendues ! Les uns m'ont appris qu'il existait un concours appelé agrégation. Les autres m'ont initié aux aventures de la flibuste. Ah ! ce fusil aussi parfaitement stable que les Montagnes Rocheuses, et qui ne ratait jamais le but, comme je l'enviais ! Une biographie du P. Gratry, une autre du P. Lacordaire ne tranchaient guère sur les inventions de *La Veillée*. J'avais déniché une vie plus charnue de Lamennais. Je commençais à m'éprendre de l'exilé : *Aucun de ces enfants ne m'appelait son père ; aucun de ces vieillards ne m'appelait son fils. L'exilé partout est seul.* Hélas ! je ne l'étais pas. Lacoste me confisqua le livre. Selon lui, le lire était un péché mortel.

Un incident parmi d'autres déclencha la guerre froide, prélude aux affrontements déclarés. Moitié par goût, moitié par bravade, j'avais résolu de boire du vin, du vrai, au réfectoire. J'avais demandé à M. Comet, le médecin de Gimat, de me délivrer un certificat qui interdirait à Laborde et à Lacoste d'interdire. Riant dans sa barbe, heureux de jouer un bon tour aux ensoutanés, le vieil anticlérical écrivit : « Je, soussigné, médecin de la famille Bégué à Marignac, atteste que le jeune Bégué est de santé délicate et que le vin lui est indispensable. » « Tu leur montreras ça, à tes ratichons ! » conclut-il. J'emportai donc une bonbonne de vin que je confiai au concierge. Dès le premier repas je posai un demi-litre devant moi, ostensiblement. Lacoste accourut, graisse et griffes dehors, furibond. Je lui tendis le certificat. Il vira de bord, avec un bruit de barcasse fatiguée. À part lui, il jura de se venger.

Les surveillants chambrés ne me perdaient pas de vue. Ils profitaient du moindre prétexte, s'ils ne le provoquaient pas, pour me punir. J'ai copié avec trois plumes, pendant les récréations, des milliers de vers grecs et latins. J'ai été privé de provisions une bonne moitié de l'année. C'est alors que j'en consommais le plus. On espérait, c'était manifeste, qu'à force d'empiler les griefs, le Supérieur finirait par se résigner à me renvoyer. Aux rapports de Lacoste, où je surprenais qu'il était question de moi, M. Sarran, impavide, haussait les épaules et tournait les talons. Apparemment, toutes les punitions n'étaient pas injustes. Je fourbissais quelquefois les armes pour me frapper.

Cependant la cause réelle de mon comportement ne tenait pas à moi, mais à l'ambiance de cagoterie et d'hostilité farouche qui m'entourait : je peux aujourd'hui, en toute objectivité, en porter témoignage. Ma révolte atteignit le paroxysme. Je me procurai une scie à métaux, étroite et fine. Je me levai vers deux heures du matin et je sciai le tuyau qui distribuait le gaz d'éclairage aux lampes de l'étude. Lorsque les élèves entrèrent dans la salle à six heures, l'odeur, qui empestait déjà les couloirs, était insupportable. Il s'en suivit une panique et un sauve-qui-peut général, aussi imputables à l'occasion bénie de s'amuser qu'à la crainte. On criait, on courait dans toutes les directions, on hurlait au feu, certains faisaient mine de s'évanouir, d'autres se roulaient par terre en gesticulant, comme agités d'épilepsie. Les soutanes en éventail poursuivaient leurs ouailles, qu'elles ne réussirent à calmer et à rassembler qu'à grand peine. Quand enfin le tumulte se fut apaisé, on ne savait plus que faire de nous. On nous promena de la cour au réfectoire, du réfectoire à la chapelle, de la chapelle au dortoir, du dortoir dans la cour… Les surveillants s'aggloméraient comme mouches autour du sucre et se convulsaient en chuchotements épouvantés. Par extraordinaire, l'idée de m'accuser ne vint à personne. On répara le tuyau. Il sembla qu'après ce dangereux incident la hargne des inquisiteurs perdît de sa virulence.

Je redoutais toujours la semaine de la Passion, grosse de périls. Nous siégions dans la cathédrale, à gauche du chœur. En face, les filles d'un pensionnat religieux. Nous taillions des roseaux en forme de sarbacane et nous bombardions les *potachines* avec des boules de papier mâché. C'était risqué. Moins que l'ennui et les fous rires. J'avais acheté un énorme missel en douze fascicules. Je l'avais lu en entier : il ne présentait donc plus d'intérêt. Pendant les cérémonies qui duraient des demi-journées entières, je ne savais comment tuer le temps. Échanger des lazzi, jouer aux dominos, à pigeon vole, aux quatre coins en propulsant des cailloux sur une feuille quadrillée ? Le charme de ces distractions s'épuisait vite. Et puis, voici le clou de la fête ! Le Jeudi Saint, l'archevêque bénissait le Saint Chrême. Il le déposait sur les marches de l'autel. À tour de rôle et à la queue leu-leu, les chanoines venaient le saluer en psalmodiant trois fois : *Ave, Sanctum Chrisma !* Leurs timbres éraillés, discordants, couvrant la gamme du contre-ut à la basse, leurs tailles disparates, leurs crânes polis à la toile émeri offraient un spectacle désopilant. Quand arrivait le tour du chanoine Trilles, les rires devenaient incoercibles. Imaginez une barrique en mouvement, courte sur pattes, plus ventrue que haute, dépassant largement les 120 kg. Le dignitaire avançait à pas minuscules, tandis que sa graisse palpitait sous le camail d'hermine, que la sueur perlait aux tempes et au menton. Il chantait d'une voix caverneuse et syncopée. Le salut se terminait par une génuflexion accompagnée de l'antienne : *Flectamus genua !* C'est à cet instant que nous attendions le chanoine. Il piquait la pointe de son pied droit par terre, esquissait la génuflexion, perdait l'équilibre. Deux confrères plus ingambes le soutenaient sous les épaules. Ils le rétablissaient debout, non sans lui avoir imprimé une série d'amples oscillations.

Tombera, tombera pas ? J'ai perdu beaucoup d'argent à parier qu'il tomberait. Trompant mon espoir et mes vœux, il ne s'est jamais étalé devant nous. Il a préféré s'affaisser à la buvette de Barbazan, où il est mort après avoir entonné dix litres d'eau purgative coup sur coup.

Malgré tant de pièges, la traversée ne me valut pas de dommage notable cette année-là. Je bénéficiai, il est vrai, d'une circonstance particulière. Le père Lapeyre, jésuite éloquent et distingué, prêchait la Passion. Au beau milieu du sermon, il fut victime d'un malaise et d'un « trou ». Rien de plus émouvant qu'un orateur muet. Profondément touché, je demeurai un peu plus tranquille qu'à l'ordinaire. N'empêche qu'à dix reprises peut-être je dus comparaître devant le Supérieur, qui transforma régulièrement la demande de renvoi en admonestation sévère, paternelle, amusée, je n'ose pas écrire : complice.

Il était, je l'ai dit, notre professeur de lettres. Jamais il ne procédait par exposé magistral. Les explications de textes, approfondies ou cursives, en tenaient lieu. Nous parcourûmes ainsi à grandes enjambées les littératures grecque, latine et française. Les analyses de vocabulaire, sous l'angle étymologique et sémantique, ouvraient déjà de vastes horizons sur l'histoire de l'art, des sociétés, et sur la psychologie. Au moins une fois par semaine, le texte préparé débouchait sur une conclusion qui nous mettait en relation avec l'auteur, son œuvre, son époque, et nous entraînait à confronter l'inspiration, les concepts et l'esthétique de jadis avec la sensibilité, la pensée, les arts contemporains. Sans doute ne se hasardait-on qu'à des incursions discriminatoires dans le XVIIIème et le XIXème siècles. La méthode, elle, n'a pas cessé de me servir. La classe, qui était pour moi un plaisir toujours nouveau, s'illuminait quand le Supérieur, me lançant ma copie corrigée, ricanait gentiment : « Qu'il est bête, le type ! »

Le climat de travail et de recherche où je baignais me confortait grandement. En dépit de mes avatars disciplinaires, je n'étais jamais ni abattu, ni désespéré. Les péripéties les plus désagréables connaîtraient un jour prochain leur terme ! Cependant, plus la date de l'examen approchait, plus il me paraissait fou d'escompter le succès. Je calculais alors que je m'engagerais dans l'armée. Peut-être accéderais-je au grade d'officier. La perspective ne me séduisait plus guère. Elle était préférable à l'aveu d'échec impliqué dans l'abandon pur et simple et à la plongée dans la misère matérielle et morale dont j'avais résolu de sortir.

D'ailleurs, je traversais des périodes d'espoir. Une angoisse d'un autre ordre m'assaillait alors. Soit ! me disais-je. Si je suis reçu, que devenir après ? Au début du troisième trimestre, l'archevêque me fit mander. Il m'accueillit avec une bonhomie altière. Il m'assura qu'il ne désirait nullement influer sur la décision que je serais bientôt appelé à prendre. Si toutefois j'optais pour le grand séminaire, il me désignerait pour suivre les cours de l'École de Rome, qui formait l'élite de l'Église. Je bredouillai de vagues remerciements et me retirai en toute hâte. En rentrant je riais aux anges en imaginant mon portrait en pied, sous la barrette et la pourpre cardinalices... Une si brillante destinée ne m'attirait pas.

Les avances de l'archevêque n'avaient pas résolu mon problème. Elles m'avaient néanmoins indiqué une filière : l'enseignement. Le prélat avait énuméré les grades universitaires et brossé les moyens de les acquérir. Cette licence, ce doctorat qu'il avait fait miroiter à mes yeux d'ignorant, il devait bien y avoir une autre voie que la route ecclésiastique pour les ravir au monde inconnu des écoles. À condition de décrocher le baccalauréat, évidemment !

Sur ces entrefaites me vint un encouragement imprévu. Le Supérieur m'avait présenté au Concours général des établissements libres en grec, en latin et en français. Je ne fus nommé ni en latin, ni en français. Mais je m'adjugeai le premier prix de version grecque. Le texte était extrait du *Discours aux morts*, attribué à Périclès par Thucydide. J'avais montré mon brouillon au chanoine Thalès, notre ancien professeur de seconde, helléniste chevronné. L'ayant lu, il avait borné son commentaire à répéter de sa voix chuintante : « De mon temps, mon enfant, toutes les verchions grecques étaient comme cha. Autrement, jéro, double jéro ! » Il y eut grande réjouissance au collège. Nous bénéficiâmes d'un dessert. Au lieu de nous rebattre les oreilles de la biographie édifiante du général de Sonis, on nous accorda le *Benedicamus Domino*, c'est-à-dire le droit de converser. *La Semaine religieuse* publia mon exploit. Pour la première fois je lus mon nom imprimé.

Le développement de mon commerce ne s'était pas ralenti. Chaque mercredi je renouvelais le stock. Je proposais maintenant des manuels et les opuscules de la collection Hachette. Les manuels connaissaient un succès qui ne fléchissait pas. Les pires fayots se laissaient tenter par une fronde sans danger. Las de la *Littérature de l'abbé Calvet* et des productions « J. de Gigord » en général, ils dévoraient les plats et sentencieux aphorismes de M. René Doumic. Je n'ai pas lu plus de dix pages de cet illustre académicien. Il suffisait qu'il ne fût pas inscrit sur les listes officielles du collège pour lui valoir un préjugé favorable. J'entreposais les marchandises, hétéroclites, dans un placard situé sous les combles, au fond d'un galetas contigu au vestiaire. J'en gardais la clé dans ma poche. Au reste, personne ne songeait à visiter cet appentis. La terreur suintait de ses cloisons branlantes. Voilà fort longtemps, un élève somnambule se promenait la nuit à l'extrême bord des toitures, à une quinzaine de mètres de haut. On l'enferma dans ce placard pour une nuit, en attendant que ses parents en débarrassent le collège. Quand on le délivra, au petit jour, il avait dessiné sur une paroi la *Cène* de Raphaël avec une précision et une puissance dignes de l'original. Comme il était aussi incapable que moi, à l'état de veille, de tracer une ligne droite à la règle, la conviction tacite que le démon avait guidé sa main était devenue article de foi. Le placard s'en trouvait pratiquement excommunié, intouchable. Il m'a rendu un fier service. À la fin de l'année, j'avais amassé un pécule net de quatre cents francs. Je les prêtai à un certain Feuga qui mourut sans me les avoir restitués.

Il me restait heureusement le capital entassé grâce au maquignonnage. En cette année de tensions, mes rapports avec ma mère s'étaient aggravés à l'extrême. Les motifs de querelle étaient futiles. Le fond du litige portait sur l'avenir. Ma mère désirait ardemment que j'entre dans les Ordres. Elle se voyait *curèro* (gouvernante de curé), installée dans un presbytère monumental et confortable, honorée par les dévotes et respectée d'une population entière. Tous les indices démentaient ses vœux. Aussi empêchait-elle mon père et ma grand-mère de me consentir argent de poche et provisions de bouche. Aux vacances de Noël, d'un ton suave et insinuant, elle m'informa que, si j'entrais au séminaire, ma marraine m'offrirait une soutane. Je la priai d'inviter la Marie des Jouars à peler ses oignons. Elle jeta l'interdit sur les provisions. Je n'étais pas inquiet. La boutique des sœurs et les sorties du mercredi me dispenseraient de la pénurie alimentaire. Le matin du départ, ma grand-mère vaquait dans la cuisine. Ma mère, se plaignant d'influenza, se chauffait au coin du feu, l'œil sur les préparatifs. Mon frère s'empara d'un long coutelas, coupa deux saucissons et deux mètres de saucisse à demi sèche : « Emporte », me dit-il. Ma mère frisa l'attaque, mais ne broncha pas. Les faits et gestes de mon frère ne souffraient pas de réserve.

Pourtant, c'est à propos de mon frère que l'antagonisme parut s'envenimer aux congés de Pâques. Il apprenait facilement à l'école. J'aurais souhaité l'entraîner dans des études qu'il aurait réussies à coup sûr. J'entrepris de lui donner des répétitions, de calcul en particulier. Dès que je prononçais le mot de problème, avant même de lire l'énoncé, il baillait comme un écorché. Ma mère accourait, m'intimait l'ordre de le laisser en paix, « le pauvre ! », et le consolait avec mille caresses. Alors en sûreté, le souffre-douleur me décochait un pied de nez. Fatigué de son insolence, je lui administrai une brève correction sous les yeux de ma mère. Elle s'évanouit. Elle ne m'adressa plus la parole. La Maignette me lesta de crêpes ; mon frère, d'un saucisson rance et d'une tablette de chocolat ; mon père, d'une bonbonne de vin. Tous avaient bravé l'interdit. Outragée, ma mère s'éclipsa et nous partîmes tranquilles. Pendant la route, nous parlâmes de tout, mon père et moi, sauf de l'essentiel.

Sonna bientôt l'heure de vérité. Un matin de juillet, les neuf élèves jugés dignes d'affronter le baccalauréat se dirigèrent vers le lycée pour y subir l'épreuve de français. Deux heures plus tard je rentrais au collège. La consternation fut générale et le pronostic unanime : aucune chance. Plus nuancé, le Supérieur me reprocha, non sans une certaine véhémence, de n'avoir pas utilisé les trois heures imparties. Je musardai un peu plus le lendemain et le surlendemain. On nous communiqua les résultats de l'écrit le samedi suivant : les neuf étaient admissibles.

Nous rejoignîmes nos familles le lundi. Il s'écoulait un certain temps entre l'écrit et l'oral, qui se passait à Toulouse. En attendant la convocation, je révisai soigneusement les manuels de mathématiques, ainsi que l'histoire et la géographie. J'aidai mon père à faucher les fourrages, très en retard cette année-là, à les faner et à les engranger. C'est en surveillant le bétail que je préparais l'oral.

Deux camarades m'invitèrent à la fête locale de Monfort, dans le Gers. Je soupai en joyeuse compagnie. Le soleil se levait quand je revins à la maison. Une paire de vaches, liées sous le joug, semblait monter la garde près de la faucheuse. Je changeai de vêtements en un tournemain, j'attelai les vaches et me mis en devoir de couper un pré. Le ronron de la machine m'endormait, les cahots me réveillaient. Je terminai la besogne pour le déjeuner, à huit heures. Mon père me demanda en riant si je me sentais bien reposé. Ma mère me couvrit d'injures et de malédictions sous prétexte que j'avais suivi deux voyous, en réalité parce que les fêtes locales n'étaient pas la route la plus courte pour se rendre au séminaire. Je profitai de l'occasion pour expliciter mes intentions. J'exercerais n'importe quel métier, y compris celui de valet et celui de trimard, jamais celui de curé. Les ponts rompus ce jour-là ne furent jamais réparés.

Mon père avait toujours affirmé que, si j'étais convoqué à l'oral du baccalauréat, il m'accompagnerait. Il n'avait jamais mis les pieds à Toulouse. Pour parer à toute éventualité, il avait demandé au Supérieur quel hôtel il convenait de choisir. « Je descends au Grand Hôtel », avait répondu le chanoine, qui ne lésinait pas. C'est pourquoi, de la gare Matabiau, nous nous acheminâmes, en interrogeant les passants tous les dix mètres, vers le noble établissement de la rue de Metz. Nous n'en fûmes guère satisfaits. Par une chaleur torride, mon père, qui n'avait pas l'habitude d'être pareillement accoutré, garda son gilet boutonné, son veston et son col en celluloïd. Moi, plus à mon aise dans un costume léger que j'avais acheté à Pâques, je ne savais que faire de mes mains, de la fourchette, du couteau, de la serviette, de la pile d'assiettes posée devant nous. On nous servit des hors-d'œuvre, un plat de viande, des légumes, en quantité si parcimonieuse que notre robuste appétit de campagnards tenailla notre estomac toute la nuit. Avec une seule chambre pour deux, les vingt-quatre heures coûtèrent plus de quarante francs !

L'oral fut médiocre. En latin, grec et français, je crois que je dépassai assez sensiblement la moyenne. Toutefois, aux questions des examinateurs, je discernai que nos méthodes ne coïncidaient pas avec celles de l'enseignement public. En allemand je ne brillai pas. En mathématiques, après m'avoir demandé d'un ton ironique si je voulais « un dix-huit », le professeur m'invita à retrouver l'énoncé d'un théorème à partir d'une figure. Je pataugeai. En histoire et géographie, un original, que son ivrognerie avait rendu célèbre, m'ordonna de parler de la Bretagne bretonnante. Je n'avais jamais entendu cette expression. J'en perçai assez vite le sens mais, décontenancé, je bafouillai. Je dus alors essuyer un cours fleuve où les dolmens et les menhirs stigmatisaient en gaélique la honte d'Anne de Bretagne, « cette garce qui trahit son peuple », dont la monarchie salvatrice et la France éternelle relevèrent heureusement les ruines… En définitive, bien que j'eusse remporté les premiers prix en toutes les matières, allemand et géographie exceptés, je fus reçu sans la mention que, réflexion faite, le Supérieur, le chanoine Thalès et M. Déauze m'avaient garantie. Sur les neuf présentés, huit furent déclarés bacheliers dans la même grisaille. *Le Lien*, bulletin des élèves et anciens élèves de Salinis, déplora la sévérité du jury. J'étais déçu, comme tout le monde, mais la satisfaction d'avoir franchi l'étape chassa bientôt les regrets.

Les travaux saisonniers requirent mon activité jusqu'au 15 août. Les interrogations dansaient dans mon cerveau comme sorcières un soir de sabbat. Il n'y avait pas de classe de philosophie au collège. Il fallait donc s'orienter ailleurs. Où ?

Je voulus procéder par ordre. J'empruntai la bicyclette à roue fixe de Maria Méric et je me rendis à Auch pour y récupérer les menus objets que j'avais laissés au vestiaire. J'abattis aisément les soixante kilomètres de l'aller. Au collège, je ne rencontrai personne, même pas le concierge, suppléé par un intérimaire. Je ramassai mes frusques et je repartis. Elles étaient légères. L'édredon ne se résignait pas à demeurer dans la position que lui assignaient les ficelles dont j'avais cru l'enserrer. Il débordait sans arrêt et voletait au vent. Il m'obligeait à m'arrêter pour l'arrimer à nouveau sur le porte-bagages. Nourri d'une tranche de pâté étalé sur une baguette de pain, j'eus l'impression que la distance avait triplé depuis le matin. La nuit était obscure quand j'atteignis la ferme. Je me couchai aussitôt et dormis comme un lingot de plomb. Lancinantes, les questions se réveillèrent avant moi.

Péros, le patron, venait à peu près tous les jours. Ses connaissances, je le savais, étaient pauvres. Je décidai néanmoins de le consulter. Il m'accorda une bienveillante attention. « J'ai un cousin professeur, me dit-il. Il est en vacances à Larrazet. Si tu veux, nous irons lui demander conseil. » Nous partîmes donc un matin, au pas lent d'un percheron. Nous arrivâmes à Larrazet sur le coup de huit heures. « Mon cousin nous fera déjeuner », avait assuré Péros. M. Donat, petit, replet, moustache et barbe blanches, habit noir, cravate noire et chapeau melon, nous accueillit sous un auvent miteux avec une condescendance ennuyée. Je lui exposai mon cas. Je lui tendis le livret scolaire, qu'il feuilleta d'un doigt distrait. Il laissa tomber enfin : « En général, les élèves qui paraissent brillants dans l'enseignement libre sont des cancres dans l'enseignement de l'État. Voyez votre exemple. Les notes du livret scolaire sont étincelantes, et vous n'avez même pas obtenu la mention *Assez bien* au baccalauréat. » Il soupira. « Vous pouvez vous présenter au Principal du collège de Castelsarrasin. Vous verrez ce qu'il vous répondra. » L'audience était terminée. Péros était plus pâle que sa moustache. Il m'offrit à déjeuner chez Lacourt, l'aubergiste de Larrazet. Puis, comme nous approchions de Gimat, il me dit soudain : « J'ai conservé la bicyclette de mon fils. Il ne s'en était presque pas servi quand la guerre me l'a pris. Je te la donne. » Je regagnai donc Marignac juché sur ce vélo qui pesait 32 kg, et qui me sauva.

Dans les derniers jours d'août, le chanoine Sarran, mon Supérieur et professeur que j'aimais, descendit à la maison en compagnie du curé de Pessoulens. Il me tint les propos que l'on pouvait attendre de lui, discrets, mesurés, amicaux. Vous êtes, me déclara-t-il en substance, un garçon plein de promesses. J'aurais du remords si je ne vous conseillais pas de regarder en vous avant d'adopter une orientation définitive. Il arrive qu'une vocation se cache. Vous avez mené, pendant votre séjour à Salinis, une vie beaucoup trop agitée, beaucoup trop tendue et, tranchons le mot, beaucoup trop dissipée pour entendre la voix intérieure qui vous appelle peut-être. Je vous invite à une retraite de trois jours. Là vous réfléchirez à loisir.

Je lui répondis sans embarras ni faux-fuyant. J'avais assez réfléchi. Je n'éprouvais aucun attrait pour les Ordres. J'en avais d'ailleurs averti l'abbé Périssé, M. le curé, mes professeurs et lui-même. Il eut la délicatesse de ne pas insister. Les femmes tordirent le cou à deux poulets. La Maignette improvisa une crème et le félibre raconta ses plus récentes histoires. À deux heures du matin, j'attelai le cheval et je reconduisis M. Sarran à Fleurance. Chemin faisant, il me prodigua, sans trop appuyer, des conseils judicieux pour mes études et pour la manière de conduire mon existence. Il me pria instamment de lui écrire. Je l'ai fait plusieurs fois. Il ne m'a jamais répondu.

Quand je revins, mon frère veillait sur un civet qui mijotait au coin de l'âtre. J'en mangeai la moitié avec une livre de pain. Je bus un litre de vin. Mon frère, prévenant, me servait. Il était heureux de me sentir soulagé. Il ne me quitta pas d'une semelle, me promettant de pêcher des grenouilles pour moi le plus prochain dimanche favorable.

Muni de mon livret scolaire et d'un gros portefeuille en cuir tout neuf, j'enfourchai ma bicyclette et me rendis à Castelsarrasin. Le Principal du collège me fit tout de suite l'impression d'un brave homme. Bien qu'il fût encore relativement jeune, sa barbe blonde et son crâne déplumé lui donnaient l'air d'un patriarche. Naturellement, je lui décrivis ma situation avec la plus grande exactitude. Il examina mon livret scolaire page par page, ligne par ligne. Il exprima le désir de savoir comment s'était déroulé l'oral du baccalauréat. Allait-il, lui aussi, souligner l'absence de mention ? « Je serai fier de compter un élève comme vous dans mon établissement », me dit-il. Je demandai le prix de la pension. « Douze cents francs. Vous paierez quand vous pourrez. Quand vous aurez une situation, si vous voulez. » J'alignai les douze cents francs sur son bureau. Il les repoussa. J'insistai un long moment. Il finit par accepter.

Mon père apporta mes bagages à la gare de Beaumont. Comme nous devions sortir tous les quinze jours, je le suivis avec la bicyclette, que j'entreposai à l'écurie où nous détellions le cheval les jours de marché. Dans le train je rencontrai d'abord Faulon, tiré à quatre épingles. À Larrazet montèrent Pujos et Ressayre, qui aussitôt jouèrent les matamores. Décidément je n'appartenais pas à ce monde, qui n'était même pas le demi-monde… Le collège, par contre, me plut. Comparé à Auch, il était paradisiaque. Sauf les grands chahuts que provoquait un répétiteur absolument sourd, la discipline y était stricte, mais point tatillonne, ni inquisitoriale, ni hypocrite, ni injuste. Je m'y pliai de très bonne grâce. La nourriture, systématiquement dénigrée par les fiers-à-bras, était convenable.

L'année scolaire ne fut pas exempte d'avaries mineures. J'eus du mal à me faire accepter parce que j'avais conservé mon uniforme : long tablier de satinette noire et sabots cloutés garnis de paille. Sanglés dans des costumes qui me paraissaient l'incarnation de l'élégance, les camarades me regardaient d'un œil ironique et se poussaient du coude en me montrant. Plus grave ! Durant le premier trimestre, une éruption de furoncles au visage me contraignit à m'absenter quinze jours. Pour comble, dans le mois de janvier, la clique des « capables », grâce à l'incompétence du médecin et à la complicité tacite du Principal à qui l'opération rapportait un supplément de bénéfice, réussit à déclencher une mesure de licenciement justifiée par une épidémie de grippe simulée. En trois jours, tous les élèves feignirent d'être cloués au lit, sauf Cantegreil, un matheux de Saint Nicolas de la Grave, et moi. La comédie me fit perdre huit jours de plus.

Puisque j'ai nommé Cantegreil, je signale au passage que je lui dois beaucoup de reconnaissance. Les formules de chimie se dérobaient à ma compréhension. Or le Principal nous chargea tous deux, le jeudi, de conduire à l'air libre, sans le fatiguer, un obèse à moitié perclus. Nous nous asseyions au bord du canal et Cantegreil, avec beaucoup de patience, m'initia au langage atomique.

La philosophie m'accrocha d'emblée. Je disposais d'un professeur pour moi seul, ou à peu près. Mes deux comparses, Loubières et Bédouret, ne daignaient apparaître que de loin en loin, et dans l'unique but d'attester le mépris que les divagations abstraites inspiraient à leur vaste intelligence. M. Hinard était alors très jeune. Pédagogue né, il s'enflammait au contact des doctrines et des hypothèses. L'existence m'a dicté des réserves sur l'homme ; j'ai gardé toute ma gratitude au professeur. Il s'était équipé d'une véritable bibliothèque. À peine avait-il quitté la salle de classe que je m'y introduisais subrepticement. J'ai utilisé ses livres plus souvent et plus longtemps que lui. Il y avait là, pêle-mêle, des manuels et des textes auxquels il se référait en cas de besoin. Je piochais dans les uns et dans les autres. C'est ainsi que j'ai lu du Descartes, du Leibnitz, du Spinosa, du Kant, du Hegel, du Marx, du Ravaisson, *Les données immédiates de la conscience, Matière et mémoire*, et tant d'autres. M. Hinard, consciencieux, essayait de me faire un exposé suivi. Il étalait ses fiches sur le pupitre, rapprochait ses auteurs auxiliaires et entamait un cours. Je l'interrompais d'une remarque, puis d'une seconde, puis d'une troisième. La classe virait à la réunion contradictoire… Un jour, il me pria de me taire et de l'écouter. Il entendait étudier les principes rationnels hors de toute référence métaphysique. « Dans ce cas, lui dis-je, vous ne pouvez que définir les principes et les conséquences. Vous ne connaîtrez pas leurs origines. » Il s'emporta et reprit le fil de son discours. Quand il eut terminé, je revins à ma question première, de très bonne foi d'ailleurs, mon esprit refusant d'admettre les effets sans cause. La controverse fila son train. « Mon plan n'est peut-être pas assez clair, dit-il. Je vais vous en proposer un autre. » D'un geste automatique il saisit son beau chapeau noir qu'il avait posé sur son bureau et, d'un mouvement ample et rageur, il essuya le tableau, jeta son chapeau à terre et recommença le plan. J'étouffais d'un fou rire refoulé. Il s'aperçut de sa méprise et cria : « Animal, vous avez gâché mon chapeau neuf ! »

Notre professeur d'histoire, M. Sénac, était bossu. Sa mâchoire tordue hachait sa diction. Radical-socialiste fanatique, il ne citait Édouard Herriot qu'en baissant la voix et en joignant les mains. Il faillit mourir de contentement lorsqu'il connut le triomphe électoral du Bloc des Gauches en 1924. Sincèrement laïque, il n'admettait l'intolérance ni en lui, ni chez les autres. Il sut m'intéresser à l'histoire, que j'appréciais déjà.

Mais l'événement fut pour moi la première rencontre avec les sciences naturelles. Je dévorai le *Caustier*. Je poussai le zèle jusqu'à tenter de copier les dessins, pour mieux graver les structures dans ma mémoire. L'anatomie et la physiologie humaines me captivèrent. Surgit alors ma vocation. Je regrette vivement, aujourd'hui encore, de ne m'être pas engagé dans une carrière médicale. À l'époque il fallait beaucoup d'argent pour fréquenter pendant sept ou huit ans une faculté de médecine, encore davantage pour s'installer. J'eus beau tourner et retourner la question, je me vis obligé de renoncer.

L'année fut satisfaisante. Candidat au concours général des lycées et collèges, j'obtins le premier accessit de philosophie. Le sujet portait justement sur les principes rationnels. Cette fois une mention *Bien* couronna mes épreuves du baccalauréat.

Elle ne ferma pas une plaie cuisante. J'avais acheté chez Bach, à Beaumont, un costume sur mesures. C'était un costume d'été en coutil gris piqué de noir. Je ne m'étais pas douté que la coupe croisée en était ridicule. J'arborais des bottines montantes et une chemise blanche terminée par un col en celluloïd. Traînant dans les couloirs de la Faculté, des garçons qui allaient devenir de bons camarades, Adillon, Pointier, Dutrey, Crouzet, m'arrêtèrent. Ils s'enquirent de mon nom, de l'établissement que j'avais fréquenté. Adillon, sans ménagements, s'en prit à mon tailleur et à mon cordonnier. Les autres renchérirent, rivalisant de plaisanteries d'une délicatesse contestable. Force me fut de comparer leur mise avec mon allure d'empoté. Ils portaient des vestons droits, des cols souples, des chemises en couleurs, des souliers bas recouverts de guêtres blanches ou grises. J'en déduisis que, des civets aux costumes, tout se liguerait toujours pour m'exclure de tout autre milieu que le mien. Expérience faite, je pense avoir touché ce jour-là le fond de ma vérité. Mon tort a été de n'en pas tenir compte.

Le palier de fixation

J'avais noué avec MM. Hinard et Sénac des relations familières, quasi familiales. Ils me convoquèrent ensemble. Pendant plus de deux heures ils m'incitèrent à solliciter une bourse et un prêt d'honneur afin de préparer le concours d'entrée à l'École normale supérieure en khâgne à Toulouse. La charge d'un emprunt et l'issue incertaine me faisaient peur. De son côté, le Principal me conseillait énergiquement de postuler un emploi de maître d'internat qui me vaudrait une rémunération immédiate de 4 500 francs par an, sans me fermer la porte d'études conduisant à l'agrégation aussi bien que l'École normale. J'optai pour la maîtrise d'internat.

Le 15 octobre 1924, aux environs de cinq heures du soir, mon sac de toile militaire sur l'épaule, je me présentai au collège de Condom, où j'étais affecté. Dans la cour d'honneur, autour d'un palmier, tournait un petit homme gras, vêtu d'un pardessus noir, coiffé d'un chapeau melon, le menton orné d'un bouc à l'impériale. « M. le Principal », me souffla le concierge. Je m'avançai. M. le Principal levait un index irrité contre un roquet dressé sur ses pattes arrière. Je le saluai. Il ne se départit pas de sa posture hiératique. Quand enfin il estima que le roquet avait compris la leçon, il daigna regarder dans ma direction, je le crus du moins. « Ah ! s'écria-t-il, anxieux et joyeux. Quelle note as-tu obtenue aujourd'hui ? – Deux, papa », répondit une voix fluette. C'était la fille du pacha qui revenait de classe et communiquait à son père le résultat chiffré de ses doctes travaux. « Ah ! Bien ! Il y a progrès ! » apprécia le Principal. Je cherchais une contenance, fort tenté de complimenter mon nouveau chef pour son excellente éducation. Il m'aperçut enfin. « Vous êtes le nouveau surveillant ? Gaston vous montrera votre chambre. Vous descendrez au réfectoire à sept heures. Vous serez responsable des internes jusqu'à huit heures demain matin. M. Boutier vous expliquera les détails du service. » Il tourna les talons.

J'attendis dans la loge du concierge. Au bout d'une demi-heure, Gaston se planta devant moi. Il était encore jeune, noiraud, maigre et bourré de tics. Sa moustache noire taillée court soulignait l'angulosité de son visage. Il portait une calotte noire, une chemise écrue, un gilet de lustrine, un tablier bleu retroussé. « C'est vous, le nouveau ? Suivez-moi. » Il fallait beaucoup d'indulgence et d'imagination pour baptiser chambre ce galetas démesuré, aux murs crasseux, d'où une tapisserie délavée pendouillait de place en place. Dans un coin, un lit de fer aux garnitures maculées. Une table bancale en bois blanc, une chaise boiteuse, un lavabo portatif, un poêle en fonte rouillé auraient constitué tout le mobilier si la pièce n'avait pas été occupée à plein, du plafond au parquet et d'une extrémité à l'autre, par d'épaisses toiles d'araignée qui dessinaient un ballet de fantômes. Elles m'habillèrent de pied en cap. Elles enveloppèrent ma tête d'une gaze fine et collante. Chaque pas soulevait un nuage de poussière. Une méchante ampoule électrique dispensait un éclairage tamisé. Je lançai mon sac sur le lit. Puisque je devais coucher au dortoir, j'aviserais au ménage le lendemain. Pour l'heure, j'affirmerais ma liberté neuve en visitant la ville.

Au bas de l'escalier je retrouvai Gaston, un balai à la main. Ma première phrase l'amadoua : « Vous devez avoir beaucoup de travail dans cette maison », lui dis-je. Il démarra à fond de train. Toutes les tâches retombaient sur ses bras et sur sa femme, « bien fatiguée, la pauvre ». Il décrivit ses missions avec une complaisance prolixe. Le pire était le cochon. « Pensez, Monsieur ! – c'était la première fois qu'on m'appelait « Monsieur » – un porc de cent cinquante kilos par trimestre ! Certes, on m'aide à le tuer. Mais, la bête morte, les gens s'éclipsent aussitôt. Nous sommes seuls, ma femme et moi, pour l'échauder, la peler, la débiter, fabriquer saucisses et boudins, couper et cuire la graisse ! Un travail de galérien, Monsieur ! » Je lui annonçai en gascon que je saurais le seconder. Il me fit répéter. « Eh bien ! s'exclama-t-il, en gascon lui aussi, vous arrivez à pic, vous alors ! On tue justement le cochon après-demain. » À l'heure dite nous entrâmes en besogne. Quand le porc fut pendu, je commençai à raser les soies. M. le Principal survint à ce moment-là. Les bras ballants, l'œil rond, il me regarda faire. Je changeai de couteau, je tranchai le gras du cou et, d'une torsion brusque, j'arrachai la tête. Je fendis le ventre de haut en bas, mettant les boyaux à nu sans les érafler. M. le Principal s'en alla sans mot dire. Gaston tendit une corbeille recouverte d'un linge blanc. Nous extirpâmes les intestins. En une heure à peine la carcasse était dégagée. Il ne restait plus qu'à la laisser refroidir.

Le premier jour, on confectionna le boudin, on nettoya les tripes et les oreilles. Le second, nous préparâmes jambons, saucisse, saucissons et graisse. J'avais acquis sous la direction de Péros une réelle dextérité. Péros était en effet notre « tueur »[10]. Lorsque, après avoir tâté l'eau du chaudron pour mesurer sa température, il avait prononcé, sur un ton de croque-mort, la formule fatidique : « *Lou ban ana querré* » (nous allons aller le chercher), il devenait un grand prêtre, une sorte de Joad rural : il officiait. Jamais il ne pesait la viande. Il la saupoudrait de sel, de poivre et de cannelle *a bisto dé nas* (à vue de nez). Et l'assaisonnement était toujours parfait. Sous les yeux ébahis de Gaston, j'imtai Péros, à un rite près. Pendant

---

10. *Lou tuaïré* est celui qui va de ferme en ferme « faire la cuisine du cochon ». Il le tue et le prépare. Le terme n'a rien de péjoratif.

que, les manches retroussées au-dessus du coude, je pétrissais la chair à saucisse, M. le Principal nous rendit visite derechef. À bonne distance de la table, les mains derrière le dos, il hochait la tête. Gaston s'affairait à me servir : « Un peu plus de poivre ! Un peu plus de cannelle ! Le cornet à girofle ! » Gaston bondissait, léger, heureux, confiant, zélé. M. le Principal dit, en se retirant et en détachant ses mots : « Il faudra récompenser M. Bégué, Gaston. » Nous tuâmes encore un cochon début janvier.

Je prenais tous mes repas au réfectoire, surveillant les pensionnaires, trônant à une table solitaire comme le Roi Soleil. Jamais au grand jamais je n'ai mangé autant de porc, et aussi savoureux.

Madame Gaston, volumineuse matrone à la cellulite insolente, fignola mon ménage. Elle recolla par-ci, par-là quelques brins de tapisserie. Je m'installai dans mon logis, où je passais les journées entières. Gaston allumait le poêle de bon matin. Il fumait bien un peu, mais je pouvais, moyennant quelques précautions, ouvrir la fenêtre.

Je m'étais fait inscrire à la Faculté de Toulouse, au cours de grec du fameux Octave Navarre, helléniste renommé. J'étais de service tous les jours et toutes les nuits, sauf du mardi soir au jeudi soir. Je profitai de ma liberté hebdomadaire pour me rendre à Toulouse. Je dus au préalable souscrire un abonnement aux chemins de fer : la carte me coûta trois cents francs. J'engageai d'autant plus allègrement la dépense que je comptais sur un traitement de trois cent cinquante francs par mois, logé et nourri. Fin octobre, la déception fut amère. M. le Principal me notifia que je devais payer la chambre et la nourriture : deux cent vingts francs au total. Il ne me resterait donc plus que cent trente francs. Je constatai que j'aurais assez d'argent pour subvenir aux frais de Toulouse. Chaque semaine je m'offris un chocolat onctueux et des croissants à *L'Automatic*, rue d'Alsace, et un repas au restaurant du Théâtre, place du Capitole, où je me pris de passion pour la salade de pommes de terre.

Les déplacements à Toulouse revêtaient l'allure d'une expédition. Le train quittait Condom à six heures du matin. J'arrivais à destination à onze heures. À cinq heures moins le quart je me rembarquais pour Castelsarrasin, d'où je repartais à sept heures pour Beaumont. Là j'enfourchais ma bicyclette, qui m'avait suivi en bagage accompagné. Je soupais à Marignac et j'y couchais. Le lendemain matin j'aidais aux champs. À une heure, en selle pour Condom, soit une distance de 55 kilomètres. La route, une route de coteaux, était pénible, surtout à la saison pluvieuse. En descente, mon vélo m'emportait à la vitesse du vent ; les montées opposaient une résistance acharnée. Pendant que je pédalais, un répétiteur, que je remplaçais ensuite à l'étude, présidait à la promenade.

J'éprouvai beaucoup de peine à m'adapter à l'enseignement supérieur. M. Navarre exigeait des traductions à la fois précises et élégantes, qualités difficiles à concilier. Il distribuait généreusement les contresens. Un γε, un τε, un οὖν, un μέν... δέ franchis à pieds joints étaient l'objet d'une impitoyable sanction. Il commentait les orateurs attiques avec une finesse abusive, tirant du texte plus qu'il ne contenait. Si par malheur nous manquions une rouerie supposée de Lysias, une hypothétique allusion de Démosthène, une flèche mouchetée attribuée à Eschine, il nous l'imputait à crime. Ses traductions de Pindare ou d'un chœur tragique m'interloquaient. Il se complaisait vicieusement à tordre la signification d'une épithète... Je me persuadai qu'il me faudrait être plus assidu aux cours.

Matériellement je vivais à Condom dans un fromage de Hollande. Je résolus de m'en évader. Je sollicitai une affectation plus proche de la Faculté. À Pâques 1925, je fus nommé à Saint-Gaudens. Épreuve effroyable et déterminante. Le collège était un gros établissement où sévissaient une douzaine de pions. L'un d'eux élevait un canard qu'il promenait en ville au bout d'une longue ficelle ; un autre, arrivant à l'étude, faisait disposer devant lui une pile de dictionnaires, s'y accoudait et s'endormait, pendant qu'un élève lui grattait le crâne avec une règle ; un autre ne changeait de chaussettes que lorsqu'elles étaient imbibées de crasse : il les brûlait alors dans sa chambre, répandant une fumée nauséabonde. Ensemble ils avaient juré de se consacrer au billard et aux cartes, avec interdiction absolue de travailler. Parce que j'enfreignais la consigne, ils attachèrent le corps d'un poêle en fonte à une corde et, de l'étage supérieur, par balancement, ils l'envoyèrent dans ma chambre à travers la fenêtre… Admis au Certificat de littérature grecque, je redemandai mon changement.

Le Secrétaire général de l'Académie, M. Vieillefond, était le père d'un camarade. Je lui exposai les motifs de ma requête et j'insistai pour obtenir un poste où je serais seul maître d'internat. À la rentrée d'octobre, je fus affecté à Moissac. Je m'attaquai au Certificat de latin. En même temps, je me dégrossis et me rodai aux mondanités. Il y avait un professeur d'histoire, Jean de Valon, parfaitement décavé, très porté sur le *Saint-Raphaël*, mais qui avait réuni sur sa tête les tortils des d'Antin, des Saint-Amaran, des Gigouzac et de quelques autres seigneurs gascons. Il avait épousé une petite roturière prétentieuse, maniérée, jolie et relativement riche. Elle tenait salon. Le mari ne détestait pas de s'encanailler. Il me prit en amitié. Presque chaque semaine invité à une réception, j'y rencontrais des nobles besogneux, mais de fière allure, des magistrats, des médecins huppés, des célébrités locales comme l'écrivain régionaliste Albert Sémézies, des exilés de qualité comme le prince de Iturbide. Le nombre de civets que j'ai vus là défie la machine à calculer. Quand ma main approchait d'un verre, les muscles du bras se contractaient. J'étais obligé de boire d'un trait pour éviter les éclaboussures. Je n'avais envie que de m'enfuir. Je me promettais chaque fois de ne plus jamais affronter un pareil supplice. Et puis je m'obligeais à recommencer. Peu à peu les phobies s'atténuèrent assez pour devenir supportables. Si je ne me suis pas confiné dans une solitude farouche, je le dois essentiellement à M. de Valon.

D'un train de sénateur, j'avais terminé ma licence. Nous étions en 1927. Je reçus une délégation ministérielle de professeur à Saint-Jean d'Angély. Je compris alors que l'enseignement de M. Sarran et de M. Hinard, la préparation des examens d'enseignement supérieur m'avaient fourni des bases et des méthodes, mais que l'épanouissement de l'intelligence, la culture en un mot, c'était autre chose…

Deux ans auparavant j'avais rencontré Hélène à Belbèze, chez ses grands-parents maternels. Leur gendre, Augustin Douilhac, était un cousin proche de ma mère. Espèce de grand seigneur égaré dans une ferme, il affichait une distinction et une séduction naturelles très saisissantes. Nous nous retrouvions souvent, Hélène et moi, dans leur maison accueillante, chaleureuse. Augustin encourageait d'un sourire bienveillant, parfois ironique, nos amours enfantines. Le grand-père nous racontait d'interminables et savoureuses histoires de chasse, art où il était passé maître. Pour la première fois de mon existence, je me trouvais dans un milieu exempt de problèmes et de tensions. La communion de cœur et d'esprit avec Hélène animait cette paix d'une grande et belle espérance qui comblait mes vœux.

Le 29 décembre 1927 nous nous mariâmes en l'église de Larrazet, où le curé Dumas nous gratifia d'une allocution bouleversante. Depuis, nous avons vécu l'un près de l'autre, l'un pour l'autre, dans le meilleur et dans le pire.

Au crépuscule

Quand on dételle la charrue, au soir d'une longue journée, on se retourne et on jette un regard sur le sillon. Si j'avais à juger mon existence, je dirais qu'elle a été très heureuse, parce que la somme des bonheurs et des joies l'emporte sur celle des malheurs et des chagrins.

Ma famille m'a comblé : mon épouse, mon fils, ma belle-fille, et vous mes petits-enfants[11], qui êtes la lumière montante d'un avenir que nous ne verrons pas, mais auquel nous voulons croire. Quoi qu'il advienne de notre souvenir, le néant ne prévaudra pas contre notre immense affection.

Mes entreprises sont restées vaines. J'ai travaillé sans relâche, mais en définitive je n'ai rien fait, puisque je n'ai rien réussi. Être admis à un concours, fût-il réputé difficile ; collectionner des fonctions, des titres et des hochets[12] ; se constituer une retraite confortable, ce n'est pas réussir. Réussir, c'est léguer une œuvre qui, en modifiant sa contexture, enrichit le patrimoine humain et demeure comme un acquis imprescriptible. Les grands capitaines, les grands hommes d'État, les philosophes et les savants illustres, les écrivains et les artistes de génie, dont l'histoire écrit le nom en lettres majuscules, ne sont pas les seuls autorisés à se targuer d'avoir façonné l'évolution. L'agriculteur qui a introduit une nouvelle variété, de nouvelles méthodes de labour, d'élevage ou de

---

11. À qui ce texte était originellement destiné. *NdE*

12. Reçu à l'agrégation des lettres classiques en 1932, l'auteur a été professeur à Angoulême, à Tunis et à Paris. Il a été maire de son village de Larrazet de 1945 à 1983, conseiller général de Beaumont-de-Lomagne, député de Tarn-et-Garonne et représentant de la France au Parlement européen. Il a été décoré de la Légion d'Honneur à titre militaire, de la Croix de Guerre 1939-1945 et de la Médaille de la Résistance. *NdE*

gestion ; l'industriel qui a pratiqué un système d'organisation ou une technique jusqu'à lui inconnus, ceux-là aussi ont réussi. Ils sont innombrables, ceux qui ont su être utiles. Je n'ai pas pu me hisser à leur niveau.

Il n'importe. J'ai mordu à pleines dents à la joie d'entreprendre. Qui ne la goûte pas se prive d'une des sources les plus capiteuses du bonheur. Chercher, réfléchir, choisir, affronter l'aventure qui se raidit ou se dérobe ; s'évertuer à dominer opposition après obstacle ; mépriser les coulisses polluées du quotidien, pour concentrer son attention et ses forces sur le but : il n'y a pas de plus vivifiante exaltation que celle de l'homme d'entreprise. Le résultat n'est pas indifférent. On se réjouit sans doute quand il est favorable autant qu'on souffre quand il déçoit. Mais l'entreprise porte en elle sa récompense. Une maxime du Coran nous avertit : « Si tu entreprends et si tu réussis, tu recevras deux récompenses ; si tu entreprends et si tu échoues, tu recevras une récompense ». Et cette récompense-là, je l'ai reçue, cette jubilation de l'âme que procure l'effort vers « l'en avant » et vers « l'en haut ».

*

**

Maintenant, reste à mourir. J'y pense – le moins possible – comme à une quelconque besogne inscrite au programme et qu'il faudra bientôt accomplir. Je souhaite qu'elle n'importune personne. Je vous regretterai tous, infiniment. Selon la recommandation de Sénèque, je sortirai de l'existence ainsi que d'un banquet, en remerciant mon hôte.

Et en vous disant : A Diu siats !

Tunis, le 14 février 1975

Table

Medusis Éditions – 5 rue de Castiglione, Paris 1ᵉʳ
http://editions.medusis.com/   contact@medusis.com

Dépôt légal 4ᵉ trimestre 2001

www.ingramcontent.com/pod-product-compliance
Lightning Source LLC
LaVergne TN
LVHW040018200726
843493LV00005B/1303